W0212843

6

PRIMARIA

RELIGIÓN CATÓLICA

ANAYA

Director del proyecto:
Valero Crespo Marco

Vanessa Vázquez Crespo
Lidia María Rodríguez Villalón
María del Carmen Conde Malia

Accede a la web
www.anayaeducacion.es

1 Entra en la web de Anaya Educación y haz clic sobre:

2 Haz clic sobre **Nuevo usuario** y rellena el formulario.

Para darte de alta en la web, debes tener el permiso de tu padre, madre, tutor o tutora legales.

Recibirás un correo electrónico en el *mail* con el que te has registrado. A partir de entonces, podrás acceder a toda la información de la web.

Consulta el banco de recursos

1 Añade tu libro: accede a **Mis recursos** y haz clic sobre el botón **+ Añadir licencia** y, en la ventana que aparece, escribe el código que hay detrás de la cubierta de tu libro.

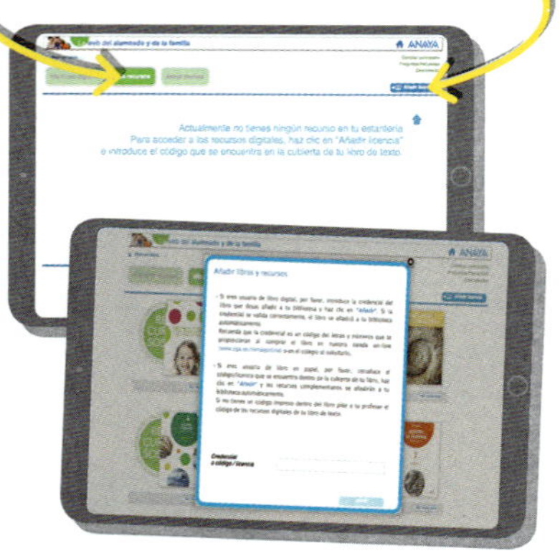

2 Se mostrará la imagen de la web del libro.

Haz clic sobre. **ver Mis recursos**

Y elige tu comunidad:

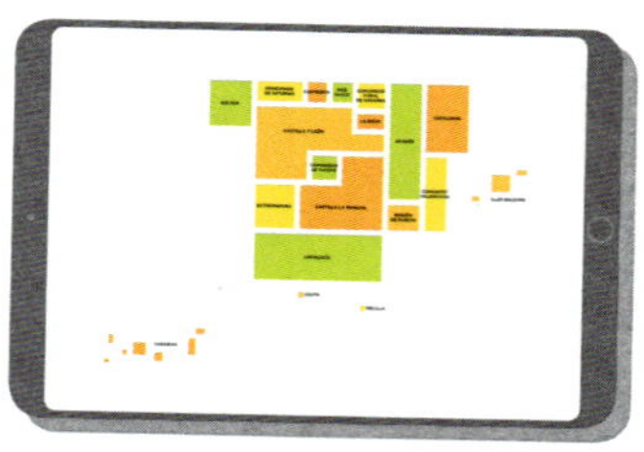

3 Haz clic sobre el botón **Banco de recursos** para abrir el menú desplegable en el que aparecen tus recursos.

Indica cuándo acceder al banco de recursos.

Cada vez que encuentres este icono, accede a la web.

PRESENTACIÓN

¡Hola! Somos Marta, María y Lázaro.
¡Qué alegría encontrarnos de nuevo contigo!
Un curso más, aprenderemos juntos.
Viajaremos contigo a tu interior.
Vivirás los mejores sentimientos.
Practicarás valores humanos y cristianos.
Y seguirás aprendiendo a ser amigo de Dios.

CONTENIDOS

Aprendo

Actúo

Contenidos religiosos	Relatos de la Biblia	Valores y compromisos
El deseo humano de felicidad y salvación.	La cultura y la ciencia en tiempos de Moisés.	El valor de investigar.
El misterio y la revelación.	Los nombres de Jesús.	El valor de la sinceridad.
Comienzo a investigar el ser humano y las religiones.	La historia del profeta Daniel.	El valor de meditar.
La libertad y la convivencia.	Jesús defiende a las mujeres.	El valor de la libertad.
La misión de los cristianos.	Las primeras misiones de la Iglesia.	El valor de la valentía.
Comienzo a investigar la Pascua cristiana.	El origen de la fiesta de Pascua.	El valor de cambiar.
El sacramento de la Confirmación.	Simón, el mago.	El valor de la amabilidad.
El Matrimonio y el Orden Sacerdotal.	El milagro de la boda de Caná.	El valor de la entrega personal.
Comienzo a investigar los libros sapienciales de la Biblia.	La sabiduría de Job.	El valor de la amistad con los demás.

1 ¿Qué aportan la ciencia y la religión para que seamos felices y nos salvemos?

Observo la unión entre la ciencia y la religión

En una clase, un alumno dijo: «No creo que Dios haya creado el universo. Fue debido a una gran explosión, el *big-bang*. Además, la Iglesia está en contra de la ciencia».

Otro preguntó: «¿Quién tiene razón: la ciencia o la Iglesia? ¿Se puede creer en Dios y ser científico?». Para contestar a estas preguntas, investigaron sobre el creador de la teoría del *big-bang*.

Y descubrieron que Georges Lemaître (1894-1966), inventor de la teoría del *big-bang*, fue un sacerdote católico, además de un gran científico. Para él, Dios es el primer origen de todo, incluso de ese primer átomo.

La clase se sorprendió porque el inventor fuera un sacerdote. Y así aprendieron que «la ciencia y la fe se complementan. Y que la teoría del *big-bang* no está en contra de Dios, porque Él es el primer origen de todo».

Observo

Reflexiono y dialogo sobre el cómic

1 ¿Sobre qué preguntas investigó la clase?

2 ¿Qué descubrieron sobre el inventor de la teoría del *big-bang*?

3 ¿Qué te enseña esta historia sobre la relación entre la ciencia y la fe?

Mis primeras ideas

- ¿Te gusta investigar? ¿Por qué? ¿Sobre qué? ¿Qué puedes contar de algún científico o investigador famoso?
- ¿Qué aportan la ciencia y la religión para ser felices y salvarnos?

Expreso mis experiencias

1 Observa y lee la frase de Albert Einstein. Después, repítela poniendo otros ejemplos.

George Lemaître y Albert Einstein eran amigos; coincidían en sus investigaciones, y ambos eran científicos creyentes.

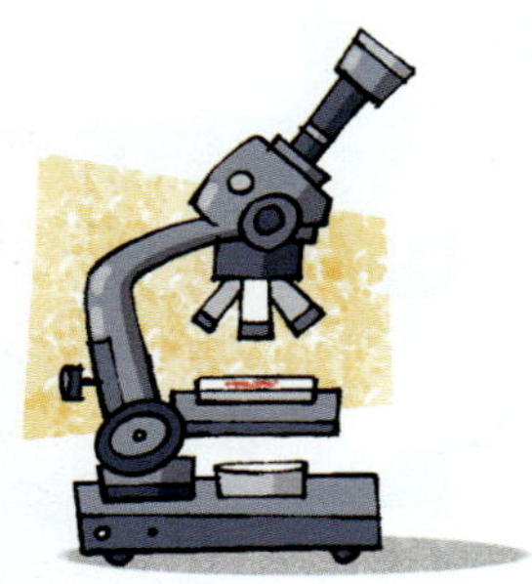

«La ciencia sin la religión es coja. La religión sin la ciencia es ciega», Albert Einstein (1879-1955), científico y premio Nobel de Física.

Aprendo y valoro

El deseo humano de felicidad y salvación

Las personas buscan la felicidad y la salvación

En general, la persona no puede ser completamente feliz, debido a las enfermedades, las traiciones, la muerte… Y a causa de esta incapacidad para ser feliz, surge la necesidad de un salvador y de encontrar la salvación: una vida más allá de la muerte para vivir eternamente y en completa felicidad.

La literatura y la música actuales expresan en muchas ocasiones el deseo que existe en las personas de ser salvadas.

La unión de la ciencia y la fe

La persona tiene la capacidad de razonar, investigar y creer. Por ello, la ciencia y la fe son dos realidades y dimensiones humanas diferentes. La ciencia es el conjunto de los conocimientos del mundo descubiertos por el ser humano mediante la observación, la experimentación y la investigación. Y la fe es la creencia y confianza en Dios, en un ideal.

Las dos se relacionan y se complementan, pero conservando cada una su autonomía. Así lo reconoce la Iglesia católica: «La ciencia y la fe no son extrañas, sino que, por el contrario, ambas se necesitan y se complementan recíprocamente» (Papa San Juan Pablo II: 30 de agosto de 2001).

Aprendo con las imágenes

- Observa las fotografías y expresa en una sola palabra qué sentimiento te produce cada una de ellas.

El amor a los más pobres, respuesta cristiana para ser feliz y salvarse.

El Papa Benedicto XVI y el científico británico Stephen Hawking, en el Vaticano, en 2016.

Respuestas de la ciencia y de la fe

La ciencia y la fe dan diferentes respuestas a las preguntas sobre la felicidad y la salvación.

La ciencia responde por medio de la investigación, y la religión, por medio de la fe. La ciencia responde con sus descubrimientos sobre el porqué de las cosas, y la religión, con la respuesta de la fe sobre el sentido de la vida y el origen de todo lo que existe.

Por ello, la Iglesia promueve y defiende la fe y los descubrimientos científicos:

«Dios no es un mago, sino el Creador que da el ser a todas las cosas. (...) El *big-bang,* que hoy se sitúa en el origen del mundo, no contradice la intervención de un creador divino; al contrario, la requiere» (Papa Francisco: 27 de octubre de 2014).

Respuesta de la fe cristiana

El cristianismo ofrece la respuesta más completa y original para ser feliz y salvarse: amar a Dios, a los demás y a uno mismo; y tener fe en Jesucristo, el único salvador.

La salvación cristiana consiste en resucitar y vivir en completa felicidad con Dios. Y se consigue, con la gracia de Dios, por medio de:

- Profesar la fe cristiana a través de las oraciones: rezando el Credo, el Padrenuestro...
- Celebrar la fe cristiana: participando de la Eucaristía y los sacramentos...
- Practicar la fe cristiana: practicando los Diez Mandamientos, el Mandamiento del Amor...

Palabras nuevas

La **fe cristiana** es la relación personal con Jesucristo, Dios Padre y el Espíritu Santo.

Actividades

1 En parejas, leed y completad.

a) El ser humano busca la salvación y la felicidad porque ...

b) Una situación actual que hace imposible vivir la felicidad completa es... porque ...

c) La relación entre la ciencia y la fe debe ser ...

d) La respuesta de la fe cristiana para salvarse y ser feliz es ...

2 En equipos y de forma cooperativa, investigad una poesía y una canción actuales que expresen el deseo humano de felicidad y salvación.

Copia y completa EN TU CUADERNO Copia y completa

La Biblia me enseña

La cultura y la ciencia en tiempos de Moisés

La siguiente historia se encuentra en los libros del Éxodo (19-31) y del Levítico (12-14), que pertenecen al Antiguo Testamento.

En el siglo XIII a. C., Moisés desarrolló la cultura y la ciencia redactando un libro de medicina (Levítico 13-15) y haciendo que los sacerdotes fueran también científicos y médicos.

Viaja por el tiempo

www.anayaeducacion.es

Localiza a Moisés en la línea del tiempo (banco de recursos).

1 Moisés hablaba con Dios como se habla con un amigo. Después de hablar con Él, comunicaba a su pueblo las palabras de Dios. Un día, les enseñó los Diez Mandamientos y algunas leyes para tratar con justicia a las viudas, los huérfanos y los emigrantes.

2 Y en nombre de Dios, les propuso celebrar tres fiestas al año: la de los Ácimos, la de la Siega y la de la Recolección. Así recordarían que Dios los había ayudado a salir de Egipto. También debían dedicar el sábado como día de fiesta de la semana para dar gracias a Dios y descansar.

¿Qué nos enseña para la vida diaria?

Este relato nos enseña que Dios quiere que se desarrollen la cultura y la ciencia para mejorar la sociedad y la salud de las personas; también que la fe y la ciencia se complementan y ayudan a la felicidad y salvación de las personas.

Ahora, en inglés

Traduce y descubre un objeto religioso del judaísmo:

The sacred Jewish chandelier is called menorah.

3 Más tarde, mandó construir la Tienda del Encuentro: un santuario para hablar con Dios. Moisés eligió a los mejores artesanos y artistas para crear arte sagrado en su interior: el Arca de la Alianza, el altar del incienso, el candelabro de siete brazos…

4 Dios propuso a Moisés curar las enfermedades, y él se lo encargó a los sacerdotes. Estos adquirieron conocimientos médicos para curar a los enfermos, enseñar normas de higiene, comer sano… Así avanzaban la ciencia y la cultura del pueblo de Israel.

Actividades

1 Lee y completa cada viñeta con dos palabras del recuadro.

médicos - sábado - arte sagrado - Diez Mandamientos
leyes - artistas - normas de higiene - fiestas

Expresiones culturales y científicas de la Biblia	
Viñeta 1	
Viñeta 2	
Viñeta 3	
Viñeta 4	

Copia y completa EN TU CUADERNO

2 ¿Qué idea principal o enseñanza descubres en este relato?

3 «La Biblia no habla de arte ni de medicina, porque está en contra de la cultura y la ciencia». ¿Qué opinas basándote en lo estudiado?

Busca en el mapa

www.anayaeducacion.es

Localiza el desierto del Sinaí en el mapa (banco de recursos).

Palabras nuevas

La **cultura** son las costumbres, creencias, valores, conocimientos, patrimonio artístico, fiestas, etc., de un grupo, de un país, etcétera.

El valor de investigar

El valor de investigar consiste en el buen comportamiento y la actitud de preguntar, examinar y analizar para conocer la verdad de algo. Se debe investigar para mejorar la salud de las personas, el medio ambiente, etc. Así lo enseña la Biblia: «Examinadlo todo; quedaos con lo bueno» (Primera Carta a los Tesalonicenses 5, 21).

1 Busca en una Biblia impresa u online cada cita y contesta a estas preguntas:

a) Eclesiastés 1, 13: ¿A qué se dedica el autor de este libro?

b) Deuteronomio 13, 15: ¿Qué propone esta cita?

c) Sabiduría 7, 17: ¿Qué concede Dios a las personas?

d) Evangelio de Lucas 1, 3-4: ¿Qué hizo Lucas para escribir su Evangelio sobre Jesús de Nazaret?

2 Dialoga con la clase: ¿Qué te ha llamado más la atención de esta investigación? ¿Por qué?

3 Ordena de mayor a menor importancia, según tu criterio, los cuatro valores para ser un buen investigador.

mentir – preguntar – copiar – escuchar – estudiar
interrumpir – investigar – cotillear

4 Piensa en un compromiso que puedes realizar para practicar el valor de investigar. ¿Qué vas a hacer? ¿Cuándo? ¿Dónde?

¿Qué he aprendido?

1 ¿Qué aportan la ciencia y la religión para ser felices y salvarnos?

2 Escribe en tu cuaderno el número de cada frase y la palabra o las palabras que faltan.

a) Las personas buscan la felicidad y la _ _ _ _ _ _ _ _ _.

b) De la incapacidad para ser feliz surge la necesidad de un _ _ _ _ _ _ _ _.

c) La literatura y la _ _ _ _ _ _ expresan el deseo de salvación.

d) La _ _ _ _ _ _ _ y la _ _ se necesitan y se complementan.

e) La _ _ _ _ _ _ _ promueve y defiende la fe y los descubrimientos científicos.

f) La salvación cristiana es _ _ _ _ _ _ _ _ _ y vivir en completa felicidad con _ _ _ _.

g) _ _ _ _ _ _ desarrolló la cultura y la ciencia.

Copia y completa EN TU CUADERNO

¿Cómo lo he aprendido?

3 Reflexionad y evaluaos en parejas en el cuaderno.

¿Cómo nos hemos sentido durante el desarrollo de la unidad?	¿Qué nos ha gustado más de la forma de estudiar esta unidad?	¿Qué podemos hacer para mejorar las siguientes clases?
?	?	?

2 ¿Qué revela Jesús de Dios Padre?

Observo la sinceridad conmigo mismo y con los demás

Hace muchos años vivía en China un rey, de nombre Zou Ji, que se creía el más guapo del mundo. Un día, llegó a su palacio el rey Xu, de quien Zou Ji había escuchado que era más atractivo que él.

Para comprobarlo, se vistió con sus mejores galas y preguntó a sus criados y ministros: ¿Quién es más guapo, Xu o vuestro rey? Y todos le contestaron lo mismo: el rey Zou Ji.

Cuando conoció al rey Xu, se llevó una sorpresa: este rey era más joven y guapo que él. Al descubrir esta verdad, se quedó triste, porque él no era el más guapo y además nadie había sido sincero con él.

Y dedujo esta moraleja: a todos nos gusta que nos digan cosas bonitas, pero es bueno saber que hay personas que lo hacen por interés. Tenía que haber sido sincero consigo mismo y que lo hubieran sido con él.

Observo

Reflexiono y dialogo sobre el cómic

1 ¿Qué te llama más la atención de este relato?

2 ¿Qué descubrió el rey al conocer a Xu?

3 ¿Qué moraleja te enseña este cuento sobre la sinceridad?

Mis primeras ideas

- ¿Qué es para ti la sinceridad? ¿Y la hipocresía? Pon un ejemplo.
- ¿Qué es una revelación? ¿Qué revela Jesús de Dios Padre?

Expreso mis experiencias

1 Observa el dibujo, lee y contesta: ¿Qué le dirías a la niña? ¿Y al adulto?

«Sé sincero. Pero que tu sinceridad no sea motivo para lastimar a los demás», Paulo Coelho (1947), escritor brasileño.

Aprendo y valoro

El misterio y la revelación

Dios es el mayor misterio

Dios es el mayor misterio, porque es lo más difícil de descubrir. Sin embargo, Dios, por su gran amor a las personas, ha revelado su misterio en la Historia de la Salvación.

Esta historia se narra en la Biblia. Comienza con la historia del pueblo de Israel y continúa con la historia de la Iglesia. Su centro es Jesucristo, porque Dios reveló en Él su misterio de forma completa.

Dios revela su misterio al pueblo de Israel

Dios reveló su misterio al pueblo de Israel por medio de los personajes y los acontecimientos de su historia. Así descubrió Israel cómo es Dios:

- Un Dios creador y origen de todo lo que existe.
- Un Dios amigo, porque ama, escucha y ayuda a cada persona.
- Un Dios libertador, porque quiere que las personas sean libres.
- Un Dios salvador, porque ofrece la salvación y la felicidad.

Jesucristo revela completamente a Dios

Jesús de Nazaret, por medio de sus enseñanzas, sus milagros y su vida de amor, reveló de forma completa cómo es Dios: un solo Dios en tres personas distintas: el Padre, el Hijo y el Espíritu Santo.

Palabras nuevas

Revelación significa 'descubrimiento o manifestación de algo secreto o desconocido'. Por ejemplo, lo sucedido al rey chino Zou Ji le reveló la importancia de la sinceridad. Y la Historia de la Salvación revela el misterio, el amor y el plan de salvación de Dios.

Aprendo con las imágenes

- ¿Cómo se representan las tres personas de la Santísima Trinidad? ¿Qué te revela o te hace sentir la imagen de Jesús?

La coronación de la Virgen, de El Greco.

Cristo en el huerto de Getsemaní, de Heinrich Hoffmann.

La Iglesia enseña que las revelaciones de Jesucristo sobre Dios constituyen el misterio más profundo y original de la fe cristiana, que recibe el nombre de misterio de la Santísima Trinidad y se profesa en el Credo.

La revelación de Jesús en el Evangelio según San Juan

El Evangelio de Juan expresa la relación de Jesús con Dios y su revelación de cómo es el corazón de Dios:

- **Dios es Padre:** Porque cuida a los seres humanos como el mejor padre y la mejor madre cuidan a sus hijos. «Padre, te doy gracias porque me has escuchado» (Jn 11, 41).
- **Dios es Hijo:** Porque se encarnó en Jesús para amarnos y salvarnos. «El Padre ama al Hijo y todo lo ha puesto en su mano» (Jn 3, 35). «Yo y el Padre somos uno» (Jn 10, 30).
- **Dios es Espíritu Santo:** Porque es el mismo espíritu y el amor que se tienen el Padre y el Hijo. «El Espíritu Santo, que enviará el Padre en mi nombre» (Jn 14, 26).
- **Dios es amor:** Porque ama a cada persona y quiere su felicidad y salvación, en el cielo y en la tierra. «El que me ama será amado por mi Padre, y yo también lo amaré» (Jn 14, 21).

Por medio de Jesús encontramos a Dios

Jesús es la mayor revelación y el camino para encontrarse con Dios: «Quien me ha visto a mí ha visto al Padre» (Jn 14, 9). Su persona, mensaje y ejemplo de vida ayudan a relacionarse con Dios.

Algunos medios para lograrlo son: rezar y dialogar con Jesús como nuestro mejor amigo; participar en los sacramentos, especialmente en la Eucaristía; practicar el Mandamiento del Amor, principalmente con los necesitados; seguir el ejemplo de Jesús, y vivir como hijos de Dios en nuestra vida diaria.

La Santísima Trinidad

La Trinidad no es una sola persona que se revela como Padre, como Hijo y como Espíritu Santo. Es un solo Dios en tres Personas divinas: Padre, Hijo y Espíritu Santo. Las tres son inseparables y realmente distintas entre sí. La Trinidad tiene un único obrar divino, pero cada Persona se hace presente según el modo que le es propio. «El misterio de la Santísima Trinidad nos revela que el Padre y el Hijo y el Espíritu Santo son un solo Dios. Así se manifiesta que Dios es amor» (Catecismo: Testigos del Señor, n° 29).

Actividades

1. Lee y completa en tu cuaderno.

   Jesucristo revela al (1)... Y a través de Él, las personas se encuentran con (2)... El Evangelio de (3)... expresa la relación de Jesús con Dios y su (4)... de cómo es el corazón de Dios: Dios es amor, (5)..., (6)... y (7)...

2. Selecciona una cita del Evangelio de Juan y explica su significado.
3. ¿Qué es la Santísima Trinidad? ¿Qué revela este misterio?

Copia y completa
EN TU CUADERNO
Copia y completa

La Biblia me enseña

Los nombres de Jesús

Este relato se basa en los cuatro Evangelios del Nuevo Testamento. Narra los nombres y los títulos que dieron a Jesús de Nazaret a lo largo de su vida.

En Israel se elegía el nombre personal por su significado religioso y por la misión que Dios le encomendaba. Por ejemplo, *María* significa «amada de Dios».

Viaja por el tiempo

www.anayaeducacion.es

Localiza a Jesús, a Juan Bautista, al profeta Jeremías y a Pedro en la línea del tiempo (banco de recursos).

1 El ángel Gabriel anunció a María el nacimiento de Jesús, y le pidió que le pusiera ese nombre, Jesús, que significa «Dios salva». Cuando nació, un ángel dijo a unos pastores: «Os ha nacido un Salvador, el Mesías, el Señor».

2 Cuando Jesús comenzó su vida pública, por sus buenas enseñanzas lo llamaron *maestro*, y por sus milagros, *profeta*. Un día, al entrar en Jerusalén, le dijeron: «Bendito el que viene en nombre de Dios».

¿Qué nos enseña para la vida diaria?

El relato enseña cómo las personas —entre ellas, los discípulos de Jesús— le dieron diferentes nombres. Con cada nombre expresaban una parte del misterio de Jesús y de su relación con su Padre Dios. También enseña a respetar y valorar los nombres personales.

Ahora, en inglés

Traduce y contesta: ¿Qué dijo Dios al bautizarse Jesús?:

This is my beloved Son, in whom I am pleased.

3 Una vez, Jesús preguntó a sus discípulos: «¿Quién decís que soy yo?». Y estos le contestaron: «Juan, el Bautista», «El profeta Jeremías»... Solo Pedro acertó: «Tú eres el Mesías, el Hijo de Dios». Y en su pasión fue llamado: «Rey de los judíos».

4 Después de su resurrección, los discípulos lo llamaron *Jesucristo.* Al nombre de Jesús, le añadieron el de *Cristo,* por ser el Mesías y el Hijo de Dios. Con este título expresaron que Jesús es verdadero hombre y verdadero Dios.

Actividades

1. Lee las viñetas y escribe los diferentes nombres que recibe Jesús.
2. Completa la frase: «El relato de los nombres de Jesús enseña...».
3. Pregunta a tu familia o consulta en Internet el significado y la historia de tu nombre: ¿Qué significa? ¿Por qué o por quién te pusieron tu nombre? ¿Te identificas con él? ¿Te gusta que te llamen así? ¿Por qué?
4. En un folio, escribe tu nombre, su significado y alguna curiosidad sobre él. Decóralo, preséntalo y ponlo en el corcho de la clase.

Copia y completa EN TU CUADERNO Copia y completa

Busca en el mapa

www.anayaeducacion.es

Localiza Jerusalén y Nazaret en el mapa (banco de recursos).

El valor de la sinceridad

El valor de la sinceridad consiste en hablar y comportarse según lo que se piensa de verdad. Es expresar con respeto y sin mentir lo que se cree y se siente. Jesús fue tan sincero que le decían: «Maestro, sabemos que eres sincero y que enseñas el camino de Dios conforme a la verdad, sin que te importe nadie, porque no te fijas en apariencias» (Mt 22, 16).

1 Test: ¿Eres sincero?

Responde a este cuestionario con la siguiente clave: 3 = mucho, 2 = regular y 1 = poco. Después, suma los puntos y reflexiona. ¡Solamente tú sabrás tu puntuación!

1. Cuando me pregunta mi familia si he terminado la tarea, para poder ir a jugar, ¿les digo la verdad, aunque no la haya terminado?
2. Cuando quiero ir a casa de un amigo para jugar, ¿digo el motivo o me invento una mentira para que me dejen?
3. ¿Cumplo la promesa que hago de no revelar un secreto?
4. ¿Defiendo a los amigos cuando los critican y no están presentes?
5. ¿Expreso públicamente mis opiniones, aunque sean diferentes de las de los demás?
6. Cuando me porto mal, ¿lo reconozco y pido perdón?
7. ¿Digo lo que no me gusta de alguien con respeto?
8. ¿Confían los demás en mí como una persona franca y sincera?

Reflexiona sobre tu respuesta:

- De 8 a 10 puntos: ¡Atención! Debes aprender a ser más sincero.
- De 11 a 18 puntos: ¡Adelante! Sigue esforzándote.
- De 19 a 24 puntos: ¡Enhorabuena! Sigue así y serás más feliz.

2 ¿Qué compromiso voy a realizar esta semana para ser sincero?

¿Qué he aprendido?

1 Contesta: ¿Qué revela Jesús de Dios Padre?

2 Escribe en tu cuaderno el número de cada frase y las dos palabras del recuadro que la completan.

revelación – Israel – Juan – Padre – Dios – misterio – amor
Hijo – salvación – Jesucristo – Salvación – Historia

Copia y completa EN TU CUADERNO

1. Dios revela su misterio en la ...?... de la ...?... .
2. Dios reveló su ...?... al pueblo de ...?... .
3. ...?... es la más completa ...?... de Dios.
4. Jesús revela que Dios es ...?... , ...?... y Espíritu Santo.
5. El Evangelio de ...?... enseña que a través de Jesús encontramos a ...?...
6. Dios es ...?... porque ama a cada persona y quiere su felicidad y ...?... .

¿Cómo lo he aprendido?

3 En equipos, copiad la diana de evaluación y marcad de 1 a 3 según vuestro trabajo y vuestra actitud cooperativa, siendo poco (1), regular (2), mucho (3).

1. ¿Hemos cumplido nuestros compromisos personales?
2. ¿Hemos sido sinceros?
3. ¿Nos hemos ayudado en los trabajos?
4. ¿Hemos aprendido sobre el tema?
5. ¿Nos hemos escuchado?
6. ¿Hemos colaborado todos?

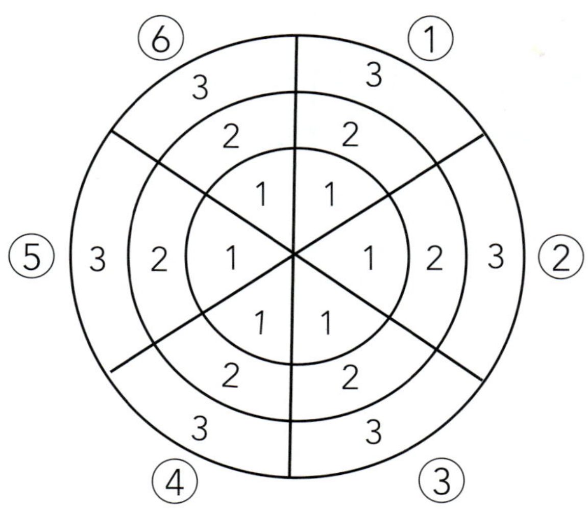

Taller de investigación 1

¿Qué son y qué aportan las grandes religiones?

Observo la vida y las enseñanzas de Buda

Siddartha Gautama nació en la India en el año 563 a. C. Para que no sufriera, sus padres le construyeron un lujoso palacio. Allí vivió encerrado sin poder salir durante muchos años.

Cada vez que preguntaba qué había fuera del palacio, nadie le contestaba. Un día se escapó, y se encontró con una anciana, un enfermo y una persona muerta. Y se preguntó: «¿Qué hacer para evitar el sufrimiento y ser felices?».

Para encontrar la respuesta, abandonó el palacio y su vida de riqueza. Y se dedicó a viajar, meditar, ayunar y aprender de los sabios de la India. Después de 40 años, encontró la respuesta.

«Para evitar el dolor y ser felices, hay que eliminar el deseo y practicar los ocho mandamientos budistas». Con estas enseñanzas fundó la religión del budismo y fue llamado Buda, que significa «iluminado».

Observo

Reflexiono y dialogo sobre el cómic

1 ¿Quién es Buda? ¿Qué pregunta se hizo al descubrir el sufrimiento?

2 ¿Cómo actuó para encontrar respuesta a su pregunta?

3 ¿Qué te enseña Buda para ser feliz?

Mis primeras ideas

- ¿Qué es para ti meditar? ¿Has visto meditar? ¿Lo has practicado? ¿Por qué?
- ¿Qué son las grandes religiones? ¿Qué aportan a la humanidad?

Expreso mis experiencias

1 Lee, observa y dialoga con tu clase: ¿Qué opinas de las palabras del Papa? ¿En qué experiencia o conocimiento te basas?

San Juan Pablo II con el Dalai Lama, líder de la religión budista.

Aprendo y valoro

Comienzo a investigar el ser humano y las religiones

El ser humano y su relación con Dios

Desde sus orígenes, la humanidad se ha relacionado con Dios por medio de enterramientos, pinturas, ritos, costumbres y fiestas religiosas. Las religiones son los principales caminos para relacionarse con la divinidad. Esta relación hace a las personas más humanas y plenas. El hinduismo, el budismo, el judaísmo, el islam y el cristianismo son las principales religiones de hoy.

El hinduismo

El hinduismo tiene su origen en unos sabios de la India. Los cuatro Vedas conforman la base de sus libros sagrados. Los hinduistas creen en muchos dioses, en la reencarnación y en la vida después de la muerte. Su lugar de culto son los templos y pequeños altares en el interior de sus viviendas.

El budismo

Su fundador es Buda. El Canon Pali –también llamado los Tres Cestos– es su libro sagrado. Los budistas creen en la reencarnación y en las enseñanzas de Buda para alcanzar el nirvana.

Su lugar de culto es la pagoda y su fiesta más importante es el Vesak, que celebra el nacimiento de Buda.

La adoración de los pastores, de Giorgione.

Dios en el budismo y en el cristianismo

El budismo no cree en un Dios personal ni en una relación personal con él. El cristianismo cree en la relación personal con un Dios personal y Padre: «Dios es nuestro Padre porque nos ha creado, cuida de nosotros y, llevado por su amor, quiere hacernos hijos suyos a imagen de su Hijo, Jesucristo» (Catecismo: Testigos del Señor, n.º 32).

Palabras nuevas

La **reencarnación** consiste en creer que el espíritu de la persona que muere sigue viviendo en otro cuerpo o elemento de la naturaleza.

El **nirvana** es la felicidad completa después de la muerte. Es parecido al cielo de los cristianos.

El nacimiento de Jesús es uno de los motivos más representados en el arte mundial.

El judaísmo

Sus fundadores son Abrahán y Moisés. Su libro sagrado es la Biblia judía, formada por 39 libros del Antiguo Testamento. Los judíos creen en Jahvé, el Dios Único, Creador y Salvador; así como en la vida eterna y en la llegada del Mesías al final de los tiempos. Su lugar de reunión es la sinagoga y su fiesta principal es la Pascua judía.

En la antigua religión de Egipto se enterraba a los faraones en las pirámides.

El islam

Su fundador es Mahoma. Su libro sagrado es el Corán. Los musulmanes creen en Alá, el único Dios, y en Mahoma, su último profeta; en la vida eterna y en el paraíso. Su lugar de culto es la mezquita, y en el Rabi' al-Awwal se celebra el nacimiento de Mahoma.

El cristianismo

Su fundador es Jesucristo, verdadero Hombre y verdadero Dios. Su libro sagrado es la Biblia. Los cristianos creen en un solo Dios Creador y Salvador –que es Padre, Hijo y Espíritu Santo–, en Jesucristo, en la resurrección y en la vida eterna. Su lugar de culto es el templo o iglesia, y en Navidad se celebra el nacimiento de Jesús.

En la pagoda se reza y se realizan ritos y ofrendas a los dioses.

El cristianismo, religión revelada por Dios

Algunas religiones son caminos que ha creado el ser humano para relacionarse con Dios; por ejemplo, el hinduismo y el budismo. Sin embargo, el cristianismo es un camino revelado y ofrecido por Dios. Por ello, es un error creer que todas las religiones son iguales o poner la religión y la fe cristianas al mismo nivel que cualquier religión.

Investigamos en equipo

1. Observad las imágenes y buscad datos sobre: «El ser humano y su relación con Dios». Después, explicad por qué los enterramientos, las pinturas, los ritos y las religiones son expresiones de la relación de la persona con Dios.
2. Comparad el cristianismo con otra religión actual. Investigad en Internet y completad en vuestro cuaderno el recuadro siguiente.

	Fundador	Libro sagrado	Creencias	Lugar de culto	Fiesta
Cristianismo					
...					

3. Presentad los resultados de vuestra investigación a la clase: ¿Qué descubrimiento o idea principal habéis sacado de las religiones? ¿Para qué os ha servido conocer las religiones?

Investigo con la Biblia

La historia del profeta Daniel

El siguiente relato se narra en el Antiguo Testamento, en el libro de Daniel.

Daniel era un profeta de Israel que nació 600 años antes que Jesús. En la época que era joven, Babilonia había conquistado Jerusalén. Daniel y muchos israelitas fueron llevados como esclavos a aquel país, que tenía otra religión diferente de la judía.

Busca en el mapa
www.anayaeducacion.es
Localiza Babilonia y Jerusalén en el mapa (banco de recursos).

1 Daniel amaba a Dios. Le rezaba, le escribía poesías, interpretaba los sueños y daba buenos consejos. Un día, Nabucodonosor, el rey de Babilonia, tuvo un sueño que ningún adivino supo interpretar. Solo Daniel pudo explicarle su significado. Por ello, el rey le concedió la libertad y le nombró su consejero.

2 Con la ayuda de Daniel, el rey llegó a respetar y permitir la religión judía en Babilonia. Al morir Nabucodonosor, Darío, el nuevo rey, nombró ministro a Daniel. Por estos motivos, los demás consejeros y ministros se llenaron de envidia. Y buscaron la forma de hacerle daño.

¿Qué nos enseña para la vida diaria?

Este relato nos enseña a respetar y ser tolerantes con las diferentes religiones. También enseña a expresar públicamente la religión, a dar buenos consejos, a confiar en Dios en los momentos difíciles y a evitar la envidia y la maldad.

Ahora, en inglés

Recita la oración de Daniel: «Mi Señor, nuestro Dios, es compasivo y perdona»:
My Lord, our God, is compassionate and forgives.

3 Sus enemigos buscaron algún engaño o robo cometido por Daniel. Pero, al no encontrar nada de qué acusarlo, lograron que Darío ordenara que «todos los habitantes de Babilonia solo debían rezar al rey Darío. De lo contrario, serían arrojados a los leones». Sin embargo, Daniel siguió rezando a Dios.

4 Sus enemigos lo denunciaron, y Daniel fue arrojado a un foso con leones. A la mañana siguiente, el rey fue al foso, y encontró a Daniel rezando. Al verlo vivo, se alegró, mandó sacarlo y ordenó: «Que en mi reino se respete al Dios de la religión judía. Él es el Dios vivo que permanece siempre».

Actividades

1 En parejas, leed, investigad en la familia o en Internet y completad:

a) Título del relato: ...

b) Nombres de los personajes: ...

c) Resumen de la historia: ...

d) Hemos investigado sobre la vida de Daniel y hemos descubierto que: ...

e) Enseñanza que hemos descubierto para nuestra vida: ...

2 Escribe un comportamiento actual que mejore la convivencia entre personas creyentes y no creyentes o de diferentes religiones, y un mal comportamiento que la estropee. ¡Ayúdate del relato!

Viaja por el tiempo

www.anayaeducacion.es

Localiza a Daniel en la línea del tiempo (banco de recursos).

Palabras nuevas

Un **profeta** es una persona elegida por Dios para que, en su nombre, hable y enseñe su mensaje de amor por las personas.

Actúo y practico valores

El valor de meditar

El valor de meditar consiste en pensar en algo con mucho detenimiento, en silencio y con mucha concentración. Meditar ayuda a conocerse, a resolver los problemas y a hablar con Dios. Así lo enseña la Biblia: «Reflexiona sobre los preceptos del Señor y medita siempre sus mandatos. Él mismo fortalecerá tu corazón y te será concedida la sabiduría que deseas» (Eclesiástico 6, 37).

1 Medita sobre el misterio de la Navidad.

«Cuando oigamos hablar del nacimiento de Cristo, guardemos silencio y dejemos que ese Niño nos hable; grabemos en nuestro corazón sus palabras sin apartar la mirada de su rostro. (...) Este Niño nos enseña lo que es verdaderamente importante en nuestra vida. (...) Nuestro estilo de vida ha de estar lleno de piedad, de empatía, de compasión, de misericordia, que extraemos cada día del pozo de la oración» (Papa Francisco, homilía del 24 de diciembre de 2015).

a) Lee el texto en silencio.

b) Elige la palabra o las palabras que más te gusten.

c) Observa la fotografía y repite en tu interior las palabras elegidas.

d) Cierra los ojos y contesta en silencio: ¿Qué te enseña el Niño Jesús para ser más feliz?

e) Completa con un compromiso personal:

«Esta noche, antes de dormirme, me comprometo a meditar sobre...».

Trabajamos el valor de meditar con los símbolos de las religiones

Los símbolos de las religiones expresan su fe y su historia. Forman parte del arte, el culto y la vida diaria de los creyentes de cada religión. Para el cristianismo, su símbolo es la cruz: «Mientras lo conducían, echaron mano de un cierto Simón de Cirene, que volvía del campo y le cargaron la cruz para que la llevase detrás de Jesús» (Evangelio de San Lucas 23, 26).

1. Buscamos los materiales con la colaboración de la familia.

2. En equipos de seis, nos ayudamos para elaborar el mural.
3. En un folio de color o una cartulina, dibujamos y recortamos cinco pétalos del mismo tamaño para formar con ellos una flor.

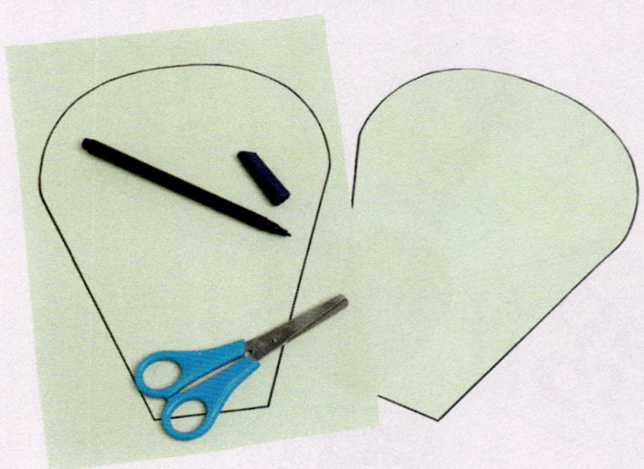

4. Dibujamos dentro de cada pétalo el símbolo de cada una de las religiones y escribimos su nombre.

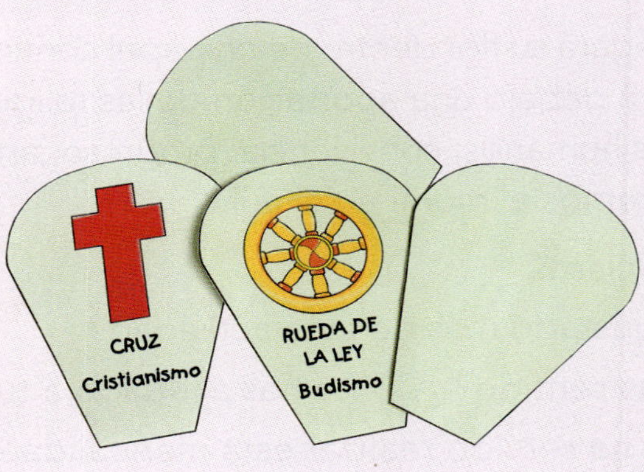

Presento y valoro el trabajo

5 Escribimos el significado de cada símbolo en la parte posterior de su pétalo correspondiente.

Representa los ocho comportamientos que deben practicar los budistas.	Simboliza la fe judía y es el emblema nacional de Israel.	Representa la muerte y resurrección de Jesucristo.	Simboliza la eternidad y se pronuncia en los rituales.	Simboliza la apertura y la superación de la muerte por la vida eterna.

6 Pegamos todos los pétalos en forma de flor. Después, dibujamos y recortamos un corazón de color rojo y lo pegamos en el centro de nuestra flor.

7 El portavoz del equipo presenta el trabajo a la clase.

8 Cada equipo pegará su flor dentro de un papel continuo para crear el mural, y escribirá debajo una aportación de las religiones a la humanidad: derechos humanos, convivencia, progreso, arte, fiestas, paz... Después colgaremos el mural en el aula.

9 Dialogamos en clase:

a) ¿Qué te ha gustado más de esta actividad?

b) ¿Cómo te has sentido? ¿Cómo has ayudado a tu equipo?

c) ¿Para qué te ha servido realizar esta manualidad?

Evalúo el taller

¿Qué he aprendido?

1 ¿Qué son y qué aportan las grandes religiones?

2 Escribe en tu cuaderno el número de cada frase y la letra que le corresponde.

1. La humanidad se ha relacionado con Dios por medio de …	a) derechos humanos, convivencia, progreso, arte, fiestas, paz.
2. Las religiones aportan a la humanidad…	b) Jesucristo, verdadero Hombre y verdadero Dios.
3. La relación con Dios hace a las personas…	c) expresan su fe y su historia.
4. Las principales religiones son el hinduismo, el budismo…	d) enterramientos, pinturas, ritos y fiestas.
5. El fundador del cristianismo es…	e) más humanas y plenas.
6. El cristianismo es un camino…	f) arrojado a los leones.
7. El profeta Daniel fue…	g) el judaísmo, el islam y el cristianismo.
8. Los símbolos de las religiones…	h) revelado y ofrecido por Dios.

Completa EN TU CUADERNO o en la versión imprimible

¿Cómo lo he aprendido?

3 Escribe tres palabras que resuman cómo te has sentido en este taller; por ejemplo, motivado, satisfecho…, y qué has aprendido.

3 ¿En qué consiste la moral de Jesús de Nazaret?

Observo una vida de entrega por la libertad

San Pedro Nolasco nació entre 1180 y 1182 en una rica familia de comerciantes, en Mas de Saintes Puelles, Barcelona. A los 15 años murió su padre, y heredó una fortuna.

Un día, se le apareció la Virgen de la Merced, lo que inspiró en Pedro Nolasco la fundación de la orden de los mercedarios y mercedarias para liberar a los cautivos cristianos que vivían como esclavos.

Sus miembros debían practicar la pobreza, la castidad y la obediencia, y entregarse como rehenes a cambio de la libertad de un esclavo si no obtenían el dinero necesario para su rescate.

Murió en 1245, y fue nombrado santo en 1626. Unos 70 000 cautivos lograron su libertad, 3 920 de ellos en vida de su fundador. Hoy, los mercedarios y las mercedarias continúan esta misión.

Observo

Reflexiono y dialogo sobre el cómic

1 ¿Quién es Pedro Nolasco?

2 ¿Qué hizo para liberar a los esclavos cautivos?

3 ¿Qué te enseña su vida sobre la libertad?

Mis primeras ideas

- ¿Qué es para ti la libertad? ¿Qué ejemplo puedes poner de esclavitud o dependencia en la actualidad? Por ejemplo, la adicción al móvil, a las drogas…
- ¿En qué consiste la moral de Jesús?

Expreso mis experiencias

1 Observa la imagen e imagínate que eres marioneta de otra persona. Expresa en un dibujo o en una frase cómo te sentirías y qué le dirías a quien te manipula.

Aprendo y valoro

La libertad y la convivencia

La libertad y el libertinaje

La libertad es la capacidad que tiene la persona para elegir qué hacer en cada momento. La verdadera libertad consiste en utilizarla para hacer el bien. Y la falsa libertad, llamada libertinaje, consiste en realizar malos comportamientos que estropean la convivencia, el medio ambiente, la salud...

Siempre ha habido tentaciones que incitan a las personas al libertinaje; por ejemplo, hoy día están las drogas o el consumo irresponsable.

Palabras nuevas

La **tentación** es un impulso o deseo repentino que lleva a realizar algo malo y la atracción que ejerce alguna cosa a la que es difícil renunciar. Por ejemplo: los pasteles, el dinero, la ropa de marca...

La moral cívica o general

Para lograr una buena convivencia, las personas deben practicar la verdadera libertad y la moral cívica o general de la sociedad. La moral cívica son las buenas normas, los comportamientos y los derechos que deben cumplir todos los ciudadanos y ciudadanas, sean creyentes o no. Estos derechos están recogidos en la Declaración Universal de los Derechos Humanos, promulgada el año 1948.

Esta moral comprende, por ejemplo, las normas de buena educación (dar los buenos días) o las normas de tráfico (no cruzar si el semáforo está en verde).

Jesús tentado por el demonio, dibujo de Gustave Doré.

Jesús enseñó la oración del Padrenuestr donde se pide a Dios: «No nos dejes cae en la tentación».

Las tentaciones de Jesús de Nazaret

Jesús de Nazaret también tuvo tentaciones. Después de ser bautizado, se retiró al desierto durante cuarenta días. Allí fue tentado por el diablo, que le ofreció convertir una piedra en pan, los reinos del mundo y el poder de sus ángeles. Y ello a cambio de que Jesús no cumpliera la voluntad de su Padre Dios y no realizara su misión de salvación. Pero Jesús rechazó estas tentaciones: «Al Señor, tu Dios, adorarás, y a Él solo darás culto» (Mt 4, 10). Después enseñó: «Velad y orad para no caer en la tentación» (Mt 26, 41). Y entregó su vida para cumplir el plan salvador de Dios.

Aprendo con las imágenes

- Observa las imágenes y di una palabra para expresar el significado de cada una.

La moral de Jesús

Jesús utilizó su libertad para cumplir la voluntad de Dios. Practicó la moral judía de los Diez Mandamientos. Y enseñó las Bienaventuranzas y el Mandamiento del Amor. Todo ello forma la moral de Jesús que deben practicar los cristianos junto con la moral cívica.

- El Mandamiento del Amor consiste en amar a Dios, a los demás y a uno mismo: «"Amarás al Señor, tu Dios, con todo tu corazón, con toda tu alma, con toda tu mente". Este mandamiento es el principal y primero. El segundo es semejante a él: "Amarás a tu prójimo como a ti mismo"» (Mt 22, 37-39).
- Las Bienaventuranzas son un resumen del mensaje de Jesús: las personas que practican la justicia, la misericordia, la paz... encontrarán la felicidad y la salvación de Dios: «Bienaventurados los limpios de corazón, porque ellos verán a Dios» (Mt 5, 8).

«¿Caerás en la tentación?»

Algunos anuncios presentan, de forma engañosa, objetos como una tentación para seamos más felices.

Actividades

1. ¿Qué diferencia existe entre la verdadera libertad y la falsa? Pon un ejemplo de cada una de ellas.
2. ¿Qué es la moral cívica? ¿Quiénes deben practicarla.
3. Escribe una situación de tentación actual que sea un obstáculo para practicar la moral de Jesús. Por ejemplo: Andrés exigió que le compraran el móvil más caro sin importarle las dificultades económicas de su familia.
4. Completa el esquema.

LA MORAL DE JESÚS		
consiste en practicar		
?	?	? ......

Copia y completa EN TU CUADERNO

5. ¿Qué tentaciones superó Jesús en el desierto?

La Biblia me enseña

Jesús defiende a las mujeres

El siguiente relato pertenece a los Evangelios de San Lucas 7, 36-50, y de San Juan 12, 1-9, del Nuevo Testamento. Narra cómo Jesús defiende a las mujeres a pesar de los obstáculos que encuentra.

En aquella sociedad, la mujer estaba discriminada. Solo podía hacer regalos a su marido e hijos. Tampoco podía comer con otros hombres que no fueran familiares.

Viaja por el tiempo

www.anayaeducacion.es

Localiza a Jesús, Marta, María y Lázaro en la línea del tiempo (banco de recursos).

1 Un día, un fariseo invitó a Jesús a comer. Una mujer pecadora se arrepintió de sus malos comportamientos, compró un perfume y entró donde estaba Jesús. Lloró sobre sus pies, los lavó con el perfume, los besó y los secó con sus cabellos.

2 Todos se sorprendieron. El fariseo criticó a Jesús por no apartar a la mujer pecadora de su lado. Pero Jesús contó una parábola para enseñar que Dios ama y perdona siempre. Después perdonó a la mujer y destacó su gran fe y amor.

¿Qué nos enseña para la vida diaria?

Este relato nos enseña a cumplir la voluntad de Dios, que quiere que vivamos como hermanos. También nos enseña los obstáculos que superó Jesús para defender y tratar a la mujer igual que a los hombres, así como a soportar las críticas negativas para lograr un bien.

Ahora, en inglés

Ordena y escribe la frase de Jesús a la mujer pecadora: «Tu fe te ha salvado. Vete en paz».

has saved you – go in peace – your faith

3 Otro día, Jesús fue a casa de Marta, María y Lázaro. María tomó un perfume caro, ungió a Jesús los pies y se los secó con sus cabellos. Judas, el apóstol que luego lo traicionaría, protestó por no haber vendido el perfume y dar el dinero a los pobres.

4 Dijo esto no por ayudar a los pobres, sino porque quería robar parte de ese dinero. Pero Jesús defendió a la mujer. Y los jefes de los sacerdotes decidieron matar a Jesús por decir que era el Hijo de Dios.

Actividades

1 Lee y completa en tu cuaderno.

Viñetas	Personajes que aparecen	Obstáculos o críticas a Jesús	Gestos de amor a Jesús
1.º			
2.º			
3.º			
4.º			

2 ¿Qué hace Jesús a pesar de los obstáculos y las críticas que recibe?

Palabras nuevas

El **fariseo** era un judío que practicaba la religión judía cumpliendo las leyes, pero olvidando el amor y la compasión con los marginados.

El valor de la libertad

El valor de la libertad consiste en decidir y practicar buenos comportamientos para hacer el bien y ser feliz con Dios, con los demás y con uno mismo. La libertad es importante para el cristiano porque: «Para la libertad nos ha liberado Cristo» (Gal 5, 1), y porque: «Donde está el Espíritu del Señor hay libertad» (2Cor 3, 17).

1 En parejas, realizad un eslogan publicitario sobre la verdadera libertad. Seguid estos pasos.

a) Inventad y escribid en una hoja un eslogan en forma de grafiti o rótulo sobre cómo practicar la libertad.

b) Decorad el eslogan con símbolos o dibujos relacionados con la frase. Ayudaos del ejemplo.

c) Presentad y convenced a la clase sobre la importancia de vuestro eslogan.

2 Completa con otro compromiso que puedas realizar.

Pasos para practicar la verdadera libertad		
¿Qué compromiso puedes realizar?	¿Cuándo y dónde lo puedes realizar?	¿A quién ayuda tu compromiso?
Informar a la tutora del acoso a un compañero.	El martes en el recreo.	A mi compañero y a mí mismo.
?	?	? ......

¿Qué he aprendido?

1 Lee y completa: «La moral de Jesús consiste en…».

2 Escribe en tu cuaderno el número de cada frase junto al error que hay en cada una de ellas.

a) La falsa libertad consiste en utilizarla para hacer el bien.

b) La moral religiosa es la moral general de todos los ciudadanos.

c) Moisés superó las tentaciones y cumplió el plan salvador de Dios.

d) El Mandamiento del Perdón consiste en amar a Dios, a los demás y a uno mismo.

e) Las tentaciones son un resumen del mensaje de Jesús.

f) Jesús discriminó a la mujer pecadora y a su amiga María.

Copia y completa EN TU CUADERNO

¿Cómo lo he aprendido?

3 Colorea según hayas trabajado en esta unidad.

☐ He colaborado.

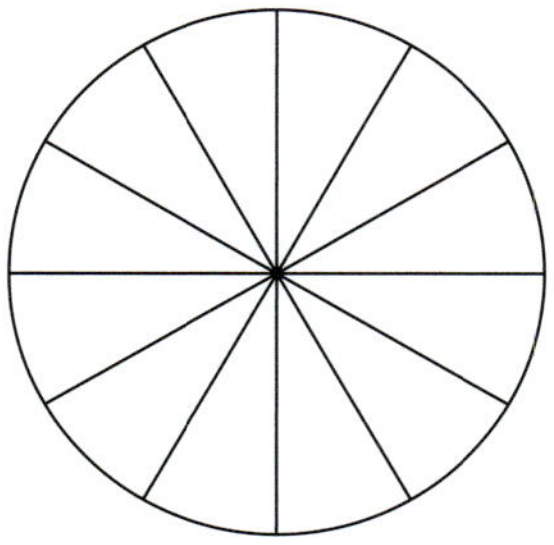

☐ He sido sincero.

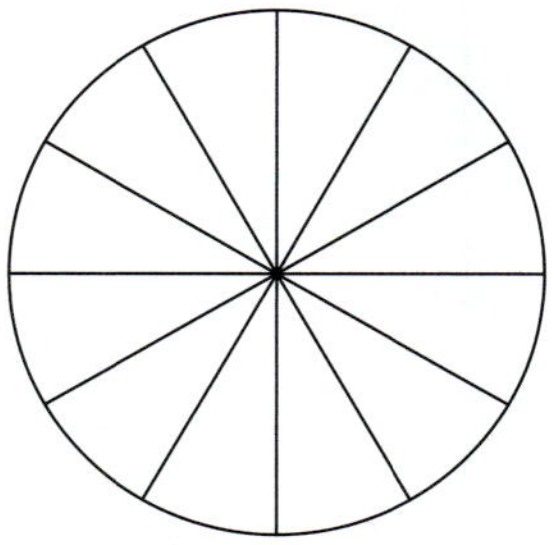

☐ He dialogado.

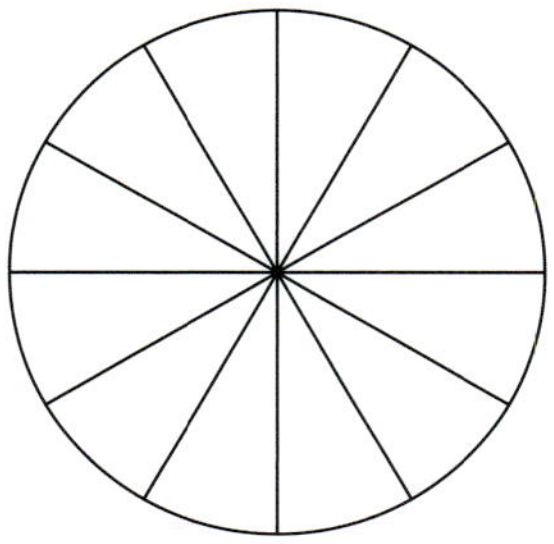

☐ He interrumpido.

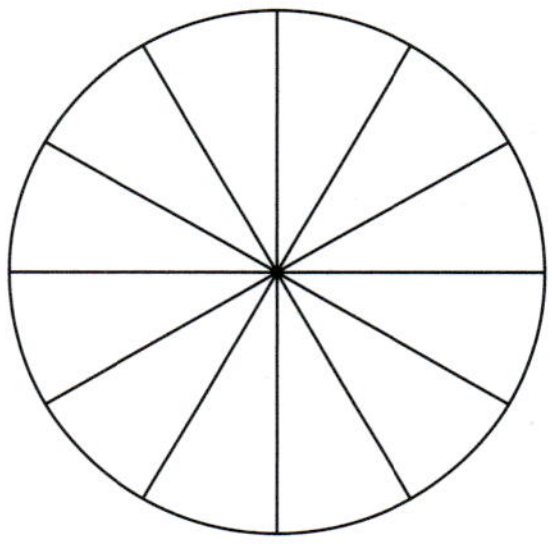

4 ¿Cuál es la misión de los discípulos de Jesús?

Observo a una santa valiente y defensora de la mujer

Santa Carmen Sallés nació en Vic (Barcelona) en 1848. En esa época, la mujer estaba discriminada. Cuando su familia decidió casarla, se negó a ello, porque Dios la llamaba para ser monja.

Ingresó en el noviciado de las adoratrices, que ayudaban a mujeres marginadas, y decidió dedicar su vida a luchar por la educación y la igualdad de la mujer con el hombre.

Creó una escuela para que los hijos de mujeres trabajadoras no estuvieran en la calle, además de una escuela nocturna para 300 obreras. Por ello, fue criticada, pero, por su fe y su valentía, siguió adelante.

Fundó la orden religiosa de las Concepcionistas Misioneras de la Enseñanza, para educar a niñas y jóvenes. Murió en 1911. En 1999, por ella, se produjo un milagro, y fue nombrada santa en 2012.

Observo

Reflexiono y dialogo sobre el cómic

1 ¿Quién es Santa Carmen Sallés?

2 ¿Qué hizo en su vida para ser discípula de Jesús?

3 ¿Qué te enseña su vida sobre la igualdad? ¿Y sobre la valentía?

Mis primeras ideas

- ¿Qué es para ti una persona valiente? ¿Y una persona cobarde? Pon un ejemplo.
- ¿Cuál es la misión de los discípulos de Jesús?

Igualdad

La mujer y el hombre son iguales en dignidad y derechos, y a la vez diferentes y complementarios.

Expreso mis experiencias

1 Lee, observa y contesta: ¿Qué opinas de la frase? ¿Qué sentirías si tú hubieras salvado a la niña?

«Tenemos que ser más valientes de lo que creemos que podemos ser, porque Dios nos pide constantemente que seamos más de lo que somos» (Madeleine L'Engle (1918-2007), escritora americana).

Aprendo y valoro

La misión de los cristianos

La misión de los discípulos de Jesús

Jesús de Nazaret formó un grupo de discípulos y apóstoles para que lo ayudaran a cumplir su misión. Los envió a enseñar el mensaje de amor, felicidad y salvación de su Padre Dios; les prometió la venida del Espíritu Santo, que les daría fuerzas para realizar esta misión de salvación, y, después de su resurrección, les recordó la misión que les había encargado: «Id, pues, y haced discípulos a todos los pueblos, bautizándolos en el nombre del Padre y del Hijo y del Espíritu Santo; enseñándoles a guardar todo lo que os he mandado. Y sabed que yo estoy con vosotros todos los días, hasta el final de los tiempos» (Mt 28, 19-20).

La misión de los apóstoles en los Evangelios sinópticos

A los Evangelios de Mateo, Marcos y Lucas se los llama sinópticos porque se parecen mucho. Los tres recogen lo principal de la vida y las enseñanzas de Jesús y la misión que encargó a sus doce apóstoles:

- «Id y proclamad que ha llegado el reino de los cielos. Curad enfermos, resucitad muertos» (Mt 10, 7-8).
- «Llamó a los doce y los fue enviando de dos en dos. (…) Ellos salieron a predicar la conversión, echaban muchos demonios, ungían con aceite a muchos enfermos y los curaban» (Mc 6, 6 y 12-13).
- «Los envió a proclamar el reino de Dios y a curar a los enfermos» (Lc 9, 2).

Palabras nuevas

Los **doce** apóstoles son los máximos responsables que Jesús eligió para su misión. Sus sucesores son los obispos y el Papa, que representa al apóstol Pedro, primer Papa de la Iglesia.

Los **discípulos** de Jesús son los cristianos. Reciben este nombre porque creen en Jesús, están bautizados y practican sus enseñanzas.

Aprendo con las imágenes

Observa las imágenes y contesta:

¿Qué puedes hacer para ser discípulo de Jesús?

Sermón de la montaña, de Hendrick Krock.

Jesús curando a los enfermos, de Gustave Doré.

La misión de Jesús continúa en la Iglesia

La Iglesia tiene sus orígenes en Jesucristo, los doce apóstoles y las primeras comunidades cristianas.

El día de Pentecostés, el Espíritu Santo vino sobre los apóstoles (Hech 2, 1-11), que comenzaron a cumplir con la triple misión de la Iglesia: enseñar el mensaje de salvación de Jesucristo, gobernar a los cristianos y santificar, es decir, ayudar a ser santos y santas, y desarrollar la justicia en la tierra.

Los primeros cristianos continuaron la misión de Jesús en la Iglesia: «Perseveraban en la enseñanza de los apóstoles, en la comunión, en la fracción del pan y en las oraciones. Todo el mundo estaba impresionado y los apóstoles hacían muchos prodigios y signos. Los creyentes vivían todos unidos y tenían todo en común» (Hech 3, 42-44).

Misionera curando a un niño.

Acciones de Jesús y la Iglesia

Jesús actuó para cumplir su misión: predicar, realizar milagros, rezar, amar, perdonar, enviar misioneros, ayudar a los necesitados, entregar su vida para la salvación de las personas...

Desde entonces, la Iglesia realiza estas acciones de Jesús en el mundo actual.

Actividades

Copia y completa EN TU CUADERNO

1 En parejas, leed cada apartado y completad las frases.

a) Jesús formó un grupo de discípulos y apóstoles para...

b) La misión de los apóstoles en los Evangelios sinópticos es...

c) La misión de Jesús continúa en...

2 Observad las fotografías, buscad información en Internet sobre acciones actuales de la Iglesia y completad el esquema en vuestro cuaderno.

Comparación de las acciones de Jesús con las de la Iglesia	
Acciones de Jesús	Acciones de la Iglesia
?	? ......

3 ¿Qué conclusiones o ideas principales extraéis después de estudiar esta doble página?

La Biblia me enseña

Las primeras misiones de la Iglesia

Este relato se narra en el libro de los Hechos de los Apóstoles (6-15), del Nuevo Testamento. Describe cómo las primeras comunidades cristianas continuaban la misión de Jesús.

En este tiempo, algunos discípulos creían que solo los judíos podían ser cristianos. Sin embargo, el apóstol Pedro bautizó al romano Cornelio y a su familia. Así enseñó que, para formar parte de la Iglesia, no es necesario ser judío, sino creer en Jesús y bautizarse.

Viaja por el tiempo

www.anayaeducacion.es

Localiza al apóstol Pedro y al diácono Esteban en la línea del tiempo (banco de recursos).

1 En las primeras comunidades cristianas, los doce apóstoles bautizaban a los nuevos cristianos, enseñaban el mensaje de Jesús y organizaban las ayudas a los pobres. Pedro, el máximo responsable de la Iglesia, visitaba y coordinaba las comunidades cristianas.

2 Un día, Pedro visitó la comunidad cristiana de Jafa. Allí vivía Tabita, una cristiana ejemplar. Cuando llegó, Tabita había muerto. Los cristianos de la comunidad a la que pertenecía se lo dijeron a Pedro. Él rezó por ella y la resucitó. Al ver este milagro, muchos creyeron en Jesucristo.

¿Qué nos enseña para la vida diaria?

Este relato nos enseña la diversidad de tareas y responsabilidades que realizaban los primeros cristianos para continuar la misión de Jesús; también, cómo colaborar con la Iglesia en su misión humanizadora y salvadora: compartir los bienes, participar de la Eucaristía, ser solidario con los necesitados...

Ahora, en inglés

Traduce y contesta: ¿A quién acepta Dios?

Accept the one who fears him and practices justice.

3 En Cesarea, Pedro visitó a Cornelio, un centurión romano que daba limosnas y rezaba a Dios. Pedro le predicó el mensaje de Jesús y los bautizó a él y a su familia. Algunos criticaron que bautizará a un romano. Pero lo aceptaron cuando les explicó que debían cumplir la misión de Jesús.

4 Al crecer el número de cristianos y pobres que les pedían ayuda, los apóstoles se dedicaron solo a predicar y celebrar. Convocaron una asamblea, que eligió a siete diáconos para ayudar a los pobres. Esteban fue uno de ellos. Murió apedreado por defender su fe cristiana, y es el primer mártir cristiano.

Actividades

1 Lee y completa en tu cuaderno.

	Viñeta 1	Viñeta 2	Viñeta 3	Viñeta 4
¿Qué personajes aparecen?				
¿Qué misión realizan?				

2 ¿Qué pasaría en el mundo actual si la mayoría de las personas realizaran las misiones de las primeras comunidades cristianas?

Copia y completa EN TU CUADERNO

Busca en el mapa

www.anayaeducacion.es

Localiza Jafa y Cesarea (banco de recursos).

El valor de la valentía

El valor de la valentía consiste en el buen comportamiento de defender a una persona o una causa justa. Y ello a pesar del miedo o el peligro que supone realizarlo. Dios enseña a ser valientes: «Lo que yo te mando es que tengas valor y seas valiente. No tengas miedo ni te acobardes, que contigo está el Señor, tu Dios, en cualquier cosa que emprendas» (Jos 1, 9).

1 En parejas, leed y contestad a las preguntas del recuadro.

El método de la Iglesia del «ver, juzgar y actuar» consiste en:

1.°. Ver: Observar un problema actual de la sociedad.

2.°. Juzgar: Interpretar y comprender ese problema desde la fe cristiana.

3.°. Actuar: Realizar compromisos humanos y cristianos para solucionar el problema visto y juzgado.

Ver	Juzgar	Actuar
¿En qué ejemplo de nuestra vida diaria es necesario ser valiente? Por ejemplo: para defender a un compañero de clase.	¿Por qué hay que practicar el valor de la valentía? ¿Qué enseña Dios en la Biblia sobre la valentía?	¿Qué compromiso podemos realizar para solucionar el problema del «Ver»? ¿Con quién? ¿Cómo? ¿Cuándo? ¿Dónde?

2 Explicad a la clase vuestras respuestas. Después, dialogad:

a) ¿Qué ejemplos de valentía y cobardía habéis elegido en el «Ver»?

b) ¿Cuáles son los mejores compromisos para ser valientes y solucionar un problema?

c) ¿Para qué te ha servido practicar este método?

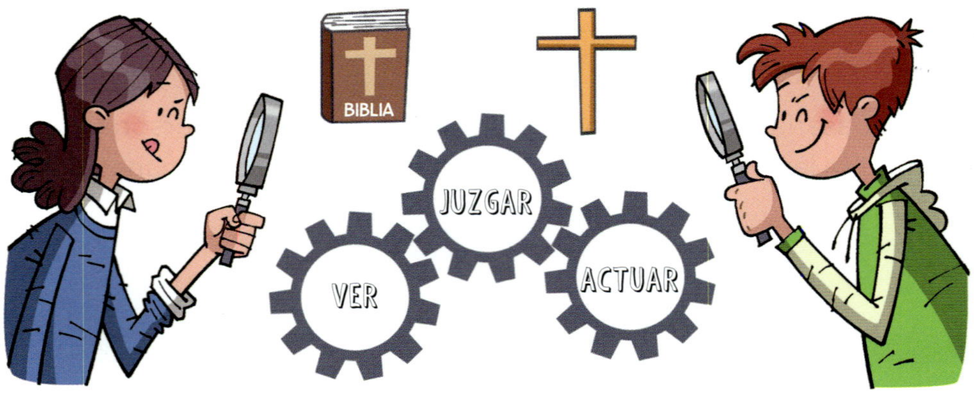

¿Qué he aprendido?

1 Completa el esquema en tu cuaderno con las palabras del recuadro. Escribe en tu cuaderno cada número y la palabra que le corresponde.

Lucas – Iglesia – Marcos – Evangelios – primeras – Hechos
cristianas – apóstoles – salvación – Jesucristo

¿Cuál es la misión de los discípulos de Jesús?		
es realizar	es realizar	es realizar
la misión de (1) ?	**la misión de la (2) ?**	**la misión de los apóstoles,**
que formó	que continúa	que recogen
un grupo de discípulos y (3) ?	**la misión de Jesucristo**	**los (4) ? sinópticos**
para	y	que se llaman
enseñar su mensaje de amor y (5) ?	**las acciones que realizó Jesús**	Mateo, (6) ? y (7) ?
	y el ejemplo de	
las (8) ? **comunidades** (9) ? **de los** (10) ? **de los Apóstoles**		

¿Cómo lo he aprendido?

2 Contesta y dialoga con tu clase:

a) ¿Cuál ha sido la actividad que más te ha gustado? ¿Por qué?

b) ¿Qué has aprendido para ser más feliz y mejor persona?

Repaso y me evalúo

Taller de investigación 2

¿Qué es la Pascua cristiana?

Observo el cambio de vida de una santa

Santa Ángela de la Cruz nació en Sevilla en 1846. Su familia era muy pobre. Su padre falleció cuando era una niña, por lo que tuvo que ayudar a su familia trabajando en una fábrica desde los doce a los veintinueve años.

Por su fe en Dios, cambió su vida anterior y fundó la Compañía de la Cruz. Durante una epidemia en Sevilla, Ángela y las Hermanas de la Cruz iban a casa de los enfermos, los curaban y los ayudaban en las tareas del hogar.

Murió en 1932. Y en 2003 fue nombrada santa por el Papa San Juan Pablo II por el milagro de curar la vista a un niño. Su santo se celebra el 5 de noviembre y su sepulcro se puede visitar en Sevilla.

Hoy, la Compañía de la Cruz tiene más de cincuenta conventos, residencias para ancianos... Y unas 700 hermanas ayudan en España, Argentina e Italia a los más enfermos y abandonados.

Observo

Reflexiono y dialogo sobre el cómic

1 ¿Quién era Santa Ángela de la Cruz?

2 ¿Por qué cambió de vida? ¿Qué hizo?

3 ¿Qué te llama más la atención de su vida? ¿Qué te enseña?

Mis primeras ideas

- ¿Es importante cambiar? ¿Por qué? ¿Qué ejemplo puedes contar de una persona que necesita cambiar para mejorar su vida?
- ¿Qué puedes contar sobre la Pascua cristiana?

Expreso mis experiencias

1 En equipos, explicad la frase y realizad un cartel con propuestas para cambiar. Os podéis ayudar del ejemplo.

«En un mundo superior puede ser de otra manera, pero aquí abajo, vivir es cambiar y ser perfecto es haber cambiado muchas veces»

[John Henry Newman (1801-1890), filósofo y beato de la Iglesia católica].

"PARA CAMBIARME A MÍ MISMO".

Conocerme

Aceptarme

Criticarme

Superarme

Comprometerme

Aprendo y valoro

Comienzo a investigar la Pascua cristiana

La resurrección de Jesucristo

Jesús y sus apóstoles estaban muy unidos. Al morir Jesús, aquellos se sintieron tristes y abandonados; creían que no lo volverían a ver. Pero al tercer día, Jesús resucitó y se apareció a María Magdalena, a algunas mujeres y a sus apóstoles. También al apóstol Tomás, que no creía en su resurrección. Por este hecho extraordinario, creyeron en el misterio de la resurrección de Jesucristo.

El tiempo litúrgico de la Pascua

La Iglesia celebra en el tiempo litúrgico de la Pascua cristiana la resurrección de Jesucristo. Este tiempo, llamado también tiempo Pascual, dura cincuenta días. Comienza el Domingo de Resurrección y termina el Domingo de Pentecostés. El principal día de este tiempo es el Domingo de Resurrección, llamado también Domingo de Pascua.

La principal celebración del Domingo de Pascua es la vigilia Pascual. Se realiza durante la noche del sábado al Domingo de Resurrección y celebra la resurrección de Jesucristo y la esperanza de vivir eternamente con Dios.

¡Resucitó!

Cristo resucitó con un cuerpo glorioso, y no solo en espíritu. «Los apóstoles se cercioraron de la resurrección de Jesús por el hallazgo del sepulcro vacío y las apariciones del resucitado» (Catecismo: Testigos del Señor, n.° 62).

Los participantes de la vigilia Pascual encienden una pequeña vela del cirio pascual, que representa la resurrección de cada cristiano.

Encontrarse con Jesús resucitado cambia la vida

La resurrección es el hecho más importante de la fe cristiana, porque enseña que la vida continúa después de la muerte, que resucitaremos con Jesucristo y que la resurrección vence al pecado y a la muerte porque es la entrada a la vida eterna.

El domingo, en la Eucaristía, los cristianos recuerdan y celebran la resurrección de Jesucristo. Y se encuentran con Cristo resucitado cuando comulgan. Esta experiencia les cambia la vida: les hace más solidarios, mejores personas, parecerse más a Jesús. Personas que no creían en Jesús, al tener esta experiencia, han dejado su vida de pecado y se han convertido en santos y santas de la Iglesia.

La finalidad del encuentro con Cristo, tanto en la Eucaristía como fuera de ella, es vivir conforme con la voluntad de Dios en todos los aspectos de la vida.

Los cristianos, testigos de la resurrección

El día de Pentecostés, cincuenta días después de la resurrección de Jesús, los apóstoles recibieron la fuerza del Espíritu Santo. De esta manera, fortalecieron su fe y comenzaron a ser testigos de la resurrección de Jesucristo. Desde entonces, la Iglesia y los cristianos son también testigos de su resurrección. Esta experiencia les llena de alegría y paz por encontrarse con el resucitado.

Así lo explica el Papa Francisco: "Es la resurrección de Cristo la que nos abre a una esperanza más grande, porque abre nuestra vida y la vida del mundo al futuro eterno de Dios, a la felicidad plena, a vivir con más confianza la realidad cotidiana, a afrontarla con coraje y compromiso. La resurrección de Cristo es nuestra fuerza" (Roma, 3 de abril de 2013).

Palabras nuevas

Vigilia significa estar despierto. La Iglesia llama vigilia a la celebración cristiana que se realiza durante la noche.

La palabra **pascua** significa ´paso´. La Pascua judía celebra el paso de la esclavitud a la libertad del pueblo de Israel, y la Pascua cristiana celebra el paso de la muerte a la resurrección de Jesucristo. Por ello, la Pascua cristiana completa la Pascua judía.

«"Creo en la resurrección de la carne" quiere decir que creemos que, como Cristo resucitó, también nosotros resucitaremos con nuestro cuerpo al final de los tiempos, cuando Cristo vuelva en su gloria» (Catecismo: Testigos del Señor, n.° 83).

Investigamos en equipo

1. Leed y explicad a la clase un apartado de esta doble página. Ampliar la información investigando en Internet.
2. Escribid dos símbolos de la Pascua.
3. ¿En qué se diferencia la Pascua judía de la Pascua cristiana?
4. Buscad las citas siguientes en una Biblia impresa u online y contestad a las siguientes preguntas:

a) Jn 20, 26-29: ¿Qué le dijo Jesús resucitado a Tomás?

b) 1 Cor 15, 3-7: ¿A quiénes se apareció Jesús?

c) Lc 24, 13- 15: ¿A dónde acompañó Jesús resucitado a dos de sus discípulos?

d) Jn 20, 18: ¿A quién se apareció por primera vez Jesús resucitado?

Completa EN TU CUADERNO o en la versión imprimible

Investigo con la Biblia

El origen de la fiesta de Pascua

La siguiente historia se encuentra en el libro del Éxodo 7-12, del Antiguo Testamento. Narra el origen de la Pascua judía, la fiesta principal del judaísmo.

La celebración más importante de esta fiesta es la cena pascual, que Jesús celebró en la Última Cena, cuando instituyó la Eucaristía.

Busca en el mapa
www.anayaeducacion.es
Localiza Egipto y el río Nilo (banco de recursos).

1 Los israelitas vivían como esclavos en Egipto. Dios eligió a Moisés para pedir al faraón la libertad de su pueblo. El faraón se negó y mandó que trabajaran aún más. Moisés pidió ayuda a Dios y anunció al faraón que, si no los liberaba, Egipto sufriría diez terribles plagas.

2 El faraón no le hizo caso, y los egipcios comenzaron a sufrir epidemias, enfermedades y otras catástrofes. Las diez plagas llenaron Egipto de ranas y mosquitos, el ganado moría, los egipcios enfermaron, el agua del Nilo se convirtió en sangre…

¿Qué nos enseña para la vida diaria?

Este relato enseña que Dios quiere que las personas sean libres. Para lograrlo, actúa por medio de ellas y de los acontecimientos. También enseña a recordar y celebrar con fiestas el paso de la esclavitud a la libertad.

Ahora, en inglés

Recita y traduce:
I will adopt you as my people and I will be your God.
Después busca en la Biblia Éxodo 6, 7 y contesta: ¿Quién dice estas palabras?

3 La última plaga sería la muerte del primer hijo de las familias egipcias. Pero el faraón siguió sin liberarlos. Moisés ordenó a las familias israelitas que sacrificaran un cordero para cenar, y que pintaran con su sangre una señal en las puertas de sus casas para que la muerte no entrara.

4 Los israelitas cenaron un cordero asado y pan sin levadura. A medianoche, murió el primer hijo de cada familia egipcia, incluido el del faraón. Por ello, este permitió que los israelitas salieran de Egipto. Desde entonces, los judíos celebran cada año la Pascua para recordar esta liberación.

Actividades

1 Escribe en tu cuaderno la letra de la frase y las palabras que la completan. Después, escribe el número de la viñeta que le corresponde:

a) … ordenó a las familias israelitas que sacrificaran un … para cenar.

b) Los israelitas salieron de …, y cada año celebran la … judía.

c) Los … vivían como … en Egipto.

d) El … no hizo caso a Moisés y comenzaron las … plagas.

Completa EN TU CUADERNO o en la versión imprimible

2 Investiga y enumera esclavitudes actuales: la obsesión por la moda, la dependencia del móvil, las drogas...

a) ¿Qué te enseña este relato para liberarte de estas esclavitudes?

b) ¿Qué puedes hacer para pasar de una situación de esclavitud a una situación de libertad?

Viaja por el tiempo

www.anayaeducacion.es

Localiza a Moisés en la línea del tiempo (banco de recursos).

Actúo y practico valores

El valor de cambiar

El valor de cambiar es reconocer los propios defectos y mejorar el comportamiento, para así convertirnos en mejores personas. Los cristianos llaman conversión al cambio de pensar, sentir y comportarse que se produce cuando se siente el amor de Dios: «La bondad de Dios te lleva a la conversión» (Rom 2, 4), y se cree en Jesús: «Convertíos y creed en el Evangelio» (Mc 1, 15).

La conversión es fruto de la gracia de Dios.

Oración de la serenidad

Señor, dame la serenidad
para aceptar las cosas
que no puedo cambiar;
valor para cambiar las cosas
que puedo, y sabiduría
para poder diferenciarlas.

Reinhold Niebuhr (1892-1971),
teólogo estadounidense

Oración para cambiar

Señor, dame fuerzas
en la Pascua de resurrección
para cambiar...;
valor para...,
y sabiduría para...

1. En parejas, leed y contestad: ¿Qué frase te llama más la atención de la primera oración? ¿Qué nos enseña?
2. ¿Qué le pedirías a Dios para cambiar y convertirte?
3. Completa la segunda oración.
4. Lee, cierra los ojos y reflexiona sobre estas preguntas:
   a) ¿En qué debo cambiar para mejorar?
   b) ¿A qué me comprometo esta semana para lograrlo?

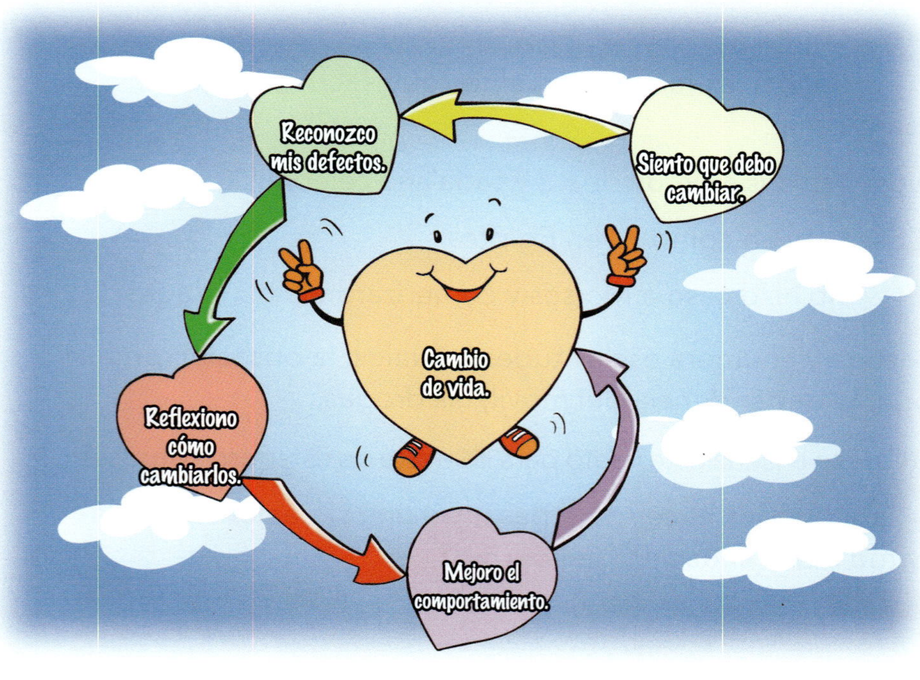

Trabajamos el valor de cambiar con una felicitación de Pascua

Los cristianos felicitan la Pascua para expresar su alegría por la resurrección de Cristo: «¿Buscáis a Jesús, el Nazareno, el Crucificado? No está aquí. Ha resucitado» (Mc 16-6). Por ello, se regalan postales de Pascua.

1. Buscamos los materiales con la colaboración de la familia.

2. En equipos, doblamos una hoja o cartulina de tamaño folio por la mitad para elaborar nuesta felicitación.

3. Dibujamos un huevo de Pascua en la parte delantera de la felicitación, y en el interior de este, un cirio pascual, y dentro de este, los símbolos alfa (α) y omega Ω) (que representan que Dios es el principio y el fin) y la cruz (que simboliza el camino a seguir para llegar a Dios).

Presento y valoro el trabajo

4 Coloreamos y decoramos el huevo y el cirio pascual como más nos guste. Para ello, utilizaremos colores, rotuladores, purpurina…

5 En el interior de la postal escribimos el rótulo siguiente: ¡FELIZ PASCUA DE RESURRECCIÓN!, y al lado felicitamos la Pascua a un ser querido con un mensaje de paz y alegría.

7 Cada niño y cada niña presentarán su trabajo a la clase.

8 En grupos, dialogamos:

a) ¿Qué te ha gustado más de esta actividad?

b) ¿Cómo te has sentido? ¿Cómo has colaborado con tu equipo?

c) ¿Qué opinas de felicitar la Pascua? ¿Por qué?

¿Qué he aprendido?

1 Contesta: ¿Qué es la Pascua cristiana?

2 Escribe en tu cuaderno el número de cada frase y la palabra que falta en ella. Busca la respuesta correcta entre las del recuadro.

lunes – adviento – Resurrección – alegría – tristeza – paz
deportistas – budistas – Navidad – más – Pentecostés
Domingo – vela – cristianos – menos – Cristo – cirio

1. Los frutos de la resurrección de Jesús son la a) … y la b) …
2. El tiempo Pascual comienza el Domingo de Resurrección y termina el Domingo de c) …
3. El principal día del tiempo Pascual es el Domingo de d) …
4. La principal celebración del e) … de Pascua es la vigilia Pascual.
5. La Iglesia y los f) … son testigos de la resurrección de Cristo.
6. La resurrección es el hecho g) … importante de la fe cristiana.
7. Encontrarse con h) … resucitado cambia la vida.
8. El i) … pascual y la j)… encendida son símbolos de la Pascua.

Completa EN TU CUADERNO o en la versión imprimible

Evalúo el taller

¿Cómo lo he aprendido?

3 Dialoga y evalúate.

a) ¿Lo has pasado bien realizando este taller? ¿Por qué?

b) ¿Has aprendido a la vez que te has divertido?

5 ¿Qué es el sacramento de la Confirmación?

Observo cómo cambiar nuestro espíritu personal

Daniel es un niño con un espíritu protestón y maleducado. En su nueva clase, interrumpe a la profesora y se burla de sus compañeros. Cuando juega al fútbol, empuja, grita…

Por ello, Daniel no es muy querido en la clase. Un día, Maite no lo invitó a su cumpleaños. Y Daniel, muy enfadado, le preguntó por qué no lo había invitado. Ella le respondió: «Los demás no quieren estar contigo».

Entonces, Daniel le preguntó a su primo: «¿Qué debo hacer para tener amigos y amigas?». Y este le respondió: «Sé amable». Daniel cambió su espíritu, y cada día fue más amable y servicial.

El día de su cumpleaños, estaba solo y triste. Su mamá, entonces, lo llevó al comedor, donde recibió una sorpresa: Maite le regaló una tarta diciéndole: «¡Feliz cumpleaños! Gracias por ser tan amable».

Observo

Reflexiono y dialogo sobre el cómic

1 ¿Cómo era el espíritu de Daniel al principio?

2 ¿Por qué cambió y mejoró su espíritu?

3 ¿Qué te enseña esta historia?

Mis primeras ideas

- ¿Qué es una persona amable? ¿Crees que hay que ser amable? ¿Por qué? Pon un ejemplo de amabilidad.
- ¿Qué puedes contar o preguntar sobre el sacramento de la Confirmación?

Expreso mis experiencias

1 Por parejas, inventad o buscad una norma para promover la amabilidad y la alegría en clase. Por ejemplo: «Pedir las cosas "por favor"».

Aprendo y valoro

El sacramento de la Confirmación

Jesús y el Espíritu Santo

Jesús transmitía el Espíritu Santo imponiendo sus manos a sus discípulos y a los enfermos. También anunció a sus discípulos la venida del Espíritu Santo, que les ayudaría a continuar su misión: «El Espíritu Santo, que enviará el Padre en mi nombre, será quien os lo enseñe todo» (Evangelio de San Juan 14, 26).

Después de la muerte y resurrección de Jesús, el día de Pentecostés, la Virgen María y los apóstoles recibieron el Espíritu Santo. Se llenaron de su fuerza y, siguiendo el ejemplo de Jesús, comenzaron a imponer sus manos y a ungir con óleo a las personas para que recibieran el Espíritu Santo.

Recuerda

Los sacramentos se clasifican en sacramentos de iniciación cristiana: Bautismo, Eucaristía y Confirmación; de curación: Penitencia y Unción de enfermos; y de servicio: Orden sacerdotal y Matrimonio.

Qué es la Confirmación

La Confirmación es uno de los siete sacramentos de la Iglesia. El bautizado que la celebra recibe el Espíritu Santo y sus dones o regalos. Por ello, a este sacramento se le llama también el sacramento del Espíritu Santo.

La Confirmación fortalece la fe y ayuda a ser mejor cristiano. Este sacramento compromete al bautizado a ser misionero de Jesús en su vida diaria: en la escuela, en la parroquia, en la familia, con los amigos, con el equipo…

El Espíritu Santo

«El Espíritu Santo es Dios; es la tercera Persona de la Santísima Trinidad, que procede del Padre y del Hijo. Él da vida a la Iglesia y la hace santa» (Catecismo: Testigos del Señor, n.º 68). Los siete dones del Espíritu Santo son: Sabiduría, Inteligencia, Consejo, Fortaleza, Ciencia, Piedad y Temor de Dios.

Jesús y la pecadora, de Julius Schnorr von Carolsfeld.

El rito de la Confirmación

Las partes más importantes de la celebración del sacramento de la Confirmación son dos:

- El obispo extiende e impone sus manos sobre el bautizado que se confirma y pide que el Espíritu Santo venga sobre él.
- El obispo realiza la señal de la cruz con el crisma o santo óleo sobre la frente del confirmando mientras pronuncia la fórmula ritual de este sacramento: «Recibe, por esta señal de la cruz, el don del Espíritu Santo». Esta es la parte fundamental del sacramento de la Confirmación.

La Confirmación está al servicio de la Iglesia

Los sacramentos de la iniciación cristiana son el Bautismo, la Confirmación y la Eucaristía, porque fortalecen e inician en la fe cristiana. Estos sacramentos dan la gracia de Dios para servir a la Iglesia y su misión: enseñar el mensaje de Jesús por todo el mundo. «Por la confirmación, los bautizados recibimos más plenamente al Espíritu Santo, nos unimos más a Jesucristo y a su Iglesia, y somos enviados a anunciar el Evangelio» (Catecismo: Testigos del Señor, n° 68).

Cuerpo y alma

La Iglesia enseña: «El ser humano es, al mismo tiempo, cuerpo y alma, que sustancialmente unidos entre sí forman una única persona» (Catecismo: Testigos del Señor, n.° 36). El hombre es una unidad de cuerpo y alma. El cuerpo es la dimensión física del hombre, y el alma es su dimensión inmaterial. El alma es creada directamente por Dios, y es inmortal, es decir, permanece después de la muerte. En la resurrección final, Dios resucitará nuestros cuerpos, volviéndolos gloriosos, y nuestra alma se unirá de nuevo y para siempre a nuestro cuerpo resucitado.

Actividades

1. ¿En qué se diferencia el espíritu de la persona del Espíritu Santo?
2. ¿Qué es la Confirmación? ¿A qué se compromete el bautizado que se confirma?
3. Observa las imágenes y contesta:
   a) ¿Qué momento y parte del rito de la Confirmación se observa?
   b) ¿Qué te llama más la atención? ¿Por qué?
4. ¿Por qué la Confirmación está al servicio de la Iglesia?

Copia y completa EN TU CUADERNO

La Biblia me enseña

Simón, el mago

La siguiente historia se narra en el Nuevo Testamento, en el libro de los Hechos de los Apóstoles 8, 9-25.

Samaria es una región del país de Jesús. En aquel tiempo, la gente acudía a los magos para ser curados y conocer el futuro a cambio de dinero.

Viaja por el tiempo

www.anayaeducacion.es

Localiza a Pedro, Juan y los apóstoles en Pentecostés en la línea del tiempo (banco de recursos).

1 En Samaria vivía el mago Simón, que engañaba a la gente con trucos de magia y diciéndoles que poseía el poder de Dios. Muchos creían sus mentiras y le admiraban. Un día, llegó Felipe, un discípulo de Jesús, que comenzó a enseñar su mensaje y a bautizar y realizar curaciones milagrosas.

2 Al ver estos hechos extraordinarios, Simón se bautizó; y a partir de entonces, estuvo siempre con Felipe. Más tarde, llegaron los apóstoles Pedro y Juan para confirmar a los bautizados. Les impusieron sus manos, recibieron el Espíritu Santo y se llenaron de la fuerza de Dios.

¿Qué nos enseña para la vida diaria?

Este relato nos enseña cómo los apóstoles predicaban, bautizaban y confirmaban; a no confundir la magia con la fe y el amor que se recibe del Espíritu Santo, y a valorar que lo más importante no se compra con dinero, como, por ejemplo, la fuerza que da el Espíritu de Dios.

Ahora, en inglés

Ordena y recita: Pentecostés es la fiesta del Espíritu Santo.

Holy Spirit – the feast
Pentecost is – of the

3 Al ver cómo los apóstoles imponían las manos y transmitían el Espíritu de Dios, Simón les ofreció dinero para que le dieran ese gran poder. Pero Pedro le dijo: «El don de Dios no se compra con dinero. Pide perdón por tu maldad y mal pensamiento».

4 Después, Simón, el mago, pidió a los apóstoles: «Rogad por mí a Dios para que me perdone». Más tarde, los apóstoles regresaron a Jerusalén enseñando el mensaje de Jesús por las aldeas de Samaria.

Actividades

1 En parejas, leed y completad cada frase:

a) Los personajes que aparecen en las viñetas son…

b) En la primera viñeta, Simón y Felipe se dedican a…

c) Pedro y Juan, en la segunda viñeta, se dedican a…

d) En la tercera viñeta, Simón propone a Pedro y Juan…

e) En la cuarta viñeta, una buena enseñanza que le dirías a Simón es…

2 ¿Cuándo sucedieron los hechos de este relato, antes o después de Pentecostés? ¿Por qué?

3 Forma uno de los puzles sobre un personaje de la Biblia de «Relicabezas» en: http://es.catholic.net/op/juegoscatolicos

Copia y completa EN TU CUADERNO

Busca en el mapa

www.anayaeducacion.es

Localiza la región de Samaria y la ciudad de Jerusalén en el mapa (banco de recursos).

El valor de la amabilidad

El valor de la amabilidad consiste en comportarse de forma agradable, sonriente, respetuosa y con buena educación. La Biblia enseña la importancia de ser amable: «Una palabra amable multiplica los amigos, y la lengua afable multiplica los saludos» (Eclesiástico 6, 5).

Los frutos del Espíritu Santo

1 Lee y contesta: ¿A qué ayuda el Espíritu Santo? ¿Cuáles son sus frutos?

Gracias al poder del Espíritu Santo, los hijos de Dios pueden dar el fruto del Espíritu Santo. Uno de ellos es la afabilidad, sinónimo de amabilidad: «El fruto del Espíritu es: amor, alegría, paz, paciencia, afabilidad, bondad, lealtad, modestia, dominio de sí» (Carta a los Gálatas 5, 22-23).

2 En grupo, realizad en una hoja de cuaderno una enseñanza para practicar un fruto del Espíritu Santo. Ayudaos de los ejemplos.

Afabilidad.
Sé amable,
y te tratarán mejor.

Lealtad.
Sé fiel y sincero,
y tendrás más
amigos.

Dominio de sí.
Controla tu mal humor,
y serás mejor persona.

Modestia. Sé humilde
y sencillo, y serás más feliz.

3 Piensa en una persona a la cual has hablado mal. ¿A qué te comprometes esta semana para ser amable con ella? ¿Qué vas a hacer? ¿Cuándo? ¿Dónde?

¿Qué he aprendido?

1 Escribe en tu cuaderno una definición de la Confirmación utilizando las siguientes palabras.

sacramento – bautizado – Espíritu Santo

2 Completa el esquema en tu cuaderno. Escribe cada número y la palabra que le corresponde.

Iglesia – fe – cristiana – misionero – crisma
Espíritu Santo – sacramento – Biblia

El sacramento de la Confirmación		
es	su ritual consiste en	tiene su origen en
el (1) ? del Espíritu Santo	**expresar la fe (2) ?,**	**la (3) ?,**
porque	**la señal de la cruz con el (4) ? en la frente del confirmando**	por ejemplo, en
el bautizado que lo celebra	y la	**el relato «Simón, el mago»,**
recibe	**imposición de las manos sobre el bautizado**	que se narra en el libro de
el (5) ? y sus dones,	para	**«Hechos de los Apóstoles»,**
que le ayudan a	**servir a la (6) ?**	que enseña
ser (7) ? de Jesús	**y fortalecer la (8) ?**	**el amor del Espíritu Santo**

Repaso y me evalúo

¿Cómo lo he aprendido?

3 Califica tu trabajo en esta unidad del 1 al 10.

a) ¿Has realizado con interés los trabajos propuestos?

b) ¿Has colaborado en las actividades de pareja y de grupo?

6 ¿Qué son los sacramentos del Orden y del Matrimonio?

Observo un ejemplo de mutua entrega personal

Delia y Jim eran un matrimonio pobre, pero se amaban de todo corazón. Jim tenía un reloj de oro de su padre, y Delia, una hermosa trenza rubia. Eran cosas muy importantes para ellos.

Delia vendió su hermosa trenza y, con el dinero que le dieron, compró una cadena de reloj como regalo para Jim. Así podría mirar con ilusión la hora delante de los demás.

Al verla sin su trenza, Jim se sorprendió. Después le entregó su regalo. Delia lo abrió, y se llevó una sorpresa: eran las bellas peinetas que soñaba tener, pero que no podía porque eran muy caras.

Delia le entregó su regalo. Al verlo, Jim le dijo: «Yo también vendí mi reloj para comprarte las peinetas». Después se abrazaron y lloraron de emoción, por su mutua entrega personal para hacerse felices.

Observo

Reflexiono y dialogo sobre el cómic

1 ¿En qué gestos se demuestran el mutuo amor y la entrega personal de Jim y Delia?

2 ¿Qué te llama más la atención de este cuento? ¿Por qué?

3 ¿Qué puedes aprender de este relato?

Mis primeras ideas

- ¿Qué es para ti entregarse por amor? ¿Qué ejemplo puedes contar?
- ¿Qué puedes contar del sacramento del Matrimonio? ¿Y del Orden Sacerdotal?

Expreso mis experiencias

1 Seleccionad, por parejas, una palabra que exprese cómo se comporta una persona que ama y se entrega a los demás. Después, copiad las palabras elegidas en el interior de un gran corazón de papel continuo. Ayudaos del ejemplo.

Un corazón que se entrega es...

«El secreto de una existencia plena es amar y entregarse por amor», Papa Francisco, 21 de septiembre de 2014.

Aprendo y valoro

El Matrimonio y el Orden Sacerdotal

Los sacramentos de servicio

Al Orden Sacerdotal y al Matrimonio se los llama sacramentos de servicio. Reciben este nombre porque los bautizados que los celebran se comprometen a realizar unos servicios para cumplir la misión de la Iglesia: enseñar el mensaje de Jesús y mejorar el mundo.

Palabras nuevas

Presbítero es el bautizado que recibe el sacramento del Orden Sacerdotal. Es llamado popularmente «cura» o «sacerdote».

Qué es el Orden Sacerdotal

El **Orden** es un sacramento por el cual el bautizado recibe la fuerza del Espíritu Santo para dedicar su vida al servicio de la Iglesia como diácono, presbítero u obispo.

- El bautizado que se ordena como obispo o sacerdote se compromete a cumplir la triple misión que Jesús encomendó a sus apóstoles: enseñar el mensaje de Jesús, gobernar a la comunidad cristiana y celebrar los sacramentos.
- El bautizado que se ordena como diácono tiene la misión de colaborar en las tareas que le encarguen el obispo o el presbítero.

La celebración del sacramento del Orden

La celebración del sacramento del Orden Sacerdotal tiene los ritos:

- El obispo impone las manos sobre la cabeza del que se ordena.
- La plegaria de ordenación y consagración a Dios.

Qué es el sacramento del Matrimonio

El sacramento del **Matrimonio** es una celebración de la Iglesia católica. En ella, un hombre y una mujer bautizados se unen en matrimonio ante la presencia de Dios y de la Iglesia.

Este sacramento compromete a la pareja a formar una familia cristiana, amarse mutuamente, educar a sus hijos cristianamente y realizar tareas para servir a la Iglesia y a la sociedad.

«El sacramento del Matrimonio santifica la unión del hombre y de la mujer, de la que nace la familia cristiana como comunidad de vida y amor, y enriquece y hace crecer como personas y como cristianos a cada uno de los cónyuges» (Catecismo: Testigos del Señor. Pág. 199).

La celebración del sacramento del Matrimonio

La celebración del sacramento del Matrimonio comienza con la acogida de los novios y la lectura y explicación de la Palabra de Dios. A continuación, se realiza el rito esencial del consentimiento:

- La pareja expresa su mutuo consentimiento por medio de una de las tres fórmulas rituales. La más utilizada es: «Yo, ..., te quiero a ti, ..., como esposo/a y me entrego a ti, y prometo serte fiel en las alegrías y en las penas, en la salud y en la enfermedad, todos los días de mi vida».
- Los novios se entregan los anillos como símbolo de su amor y de su compromiso mutuo.
- El sacerdote realiza la bendición sobre los nuevos esposos.

Actividades

1 En parejas, leed y completad el esquema.

Los sacramentos de servicio	
son	
Orden Sacerdotal	**Matrimonio**
que es	que es
?	? ......
y su ritual consiste en	y su ritual consiste en
?	? ......

2 Cuenta tu experiencia sobre una boda católica: ¿Cuándo fue? ¿Dónde se celebró? ¿Qué hicieron y dijeron los novios? ¿Y el sacerdote? ¿Participaste en algún momento en la celebración? ¿Qué te llamó más la atención?

Copia y completa EN TU CUADERNO

Aprendo con las imágenes

- Observa las imágenes y contesta: ¿Cuál corresponde al Orden Sacerdotal? ¿Y al Matrimonio? ¿Qué imagen te gusta más? ¿Por qué?

La Biblia me enseña

El milagro de la boda de Caná

El relato que vas a leer se narra en el Nuevo Testamento, en el Evangelio de San Juan 2, 1-12.

Es el primer milagro que realizó Jesús. Así expresó que era el Hijo de Dios. Después comenzó públicamente su misión de enseñar el amor y la salvación de su Padre Dios.

1 Jesús de Nazaret, después de ser bautizado por Juan el Bautista, fue con su madre y sus discípulos a una boda en Caná de Galilea. Durante el banquete, se terminó el vino. Entonces, María pidió a Jesús que ayudara a los novios.

2 Jesús le respondió que no podía ayudarlos, porque aún no era el momento de comenzar su misión. Pero María dijo a los sirvientes: «Haced lo que Él os diga».

¿Qué nos enseña para la vida diaria?

Este relato nos enseña que Jesús es el Hijo de Dios; que realiza milagros; también, que ama a los esposos y los ayuda a superar los problemas. Los primeros cristianos interpretaron este milagro como un símbolo de la unión que existe entre Dios y los nuevos esposos.

Ahora, en inglés

Ordena y recita: «El milagro de la boda de Caná»:

miracle – of the – The Cana – in – wedding

3 A continuación, Jesús pidió a los sirvientes que llenaran de agua seis tinajas, de unos cien litros cada una. Después de llenarlas, les dijo que sacaran un poco de líquido de una de ellas y se la dieran a probar al encargado del banquete.

4 Cuando el encargado probó el agua convertida en vino, se sorprendió por el buen vino que era. Llamó al novio y lo felicitó por haber reservado para el final del banquete el vino de mejor calidad. Al ver este primer milagro de Jesús, los discípulos se sorprendieron y tuvieron más fe en Él.

Actividades

1 Lee y contesta en tu cuaderno: ¿Qué hace cada personaje?

Jesús	María	Los sirvientes	Los discípulos

2 Escribe una enseñanza que aparece en esta doble página y otra que extraigas tú del relato.

3 Dialoga con tu clase: ¿Qué opinas de los milagros? ¿Por qué? ¿Conoces algún milagro? ¿Crees que hoy se siguen produciendo?

4 ¿Qué enseñanzas o ideas principales extraes de este apartado?

Copia y completa EN TU CUADERNO Copia y completa

Busca en el mapa

www.anayaeducacion.es

Localiza Caná, Nazaret y Galilea en el mapa (banco de recursos).

Actúo y practico valores

El valor de la entrega personal

El valor de la entrega personal son los comportamientos de sacrificio y amor para hacer felices a los demás. Los sacramentos del Orden y del Matrimonio comprometen a entregarse a los demás. Jesús entregó su vida por amor y para salvar a las personas: «Vivid en el amor como Cristo os amó y se entregó por nosotros a Dios» (Ef 5, 2).

1 Busca en Internet el vídeo *UP Historia de amor verdadero.HD* y contesta.

a) ¿En qué gestos se demuestran el amor y la entrega mutua?

b) ¿Qué sentimiento te ha producido esta historia de amor?

c) ¿Qué te enseña sobre el matrimonio?

2 Imagínate que eres el chico o la chica del vídeo. Realiza una tarjeta para invitar a vuestra boda a tus familiares y amistades. Ayudaos del ejemplo.

3 Escribe un compromiso de entrega personal que puedas realizar esta semana. Piensa en una persona que necesita tu ayuda.

Repaso y me evalúo

¿Qué he aprendido?

1 Escribe una definición sobre el sacramento del Matrimonio y otra sobre el Orden Sacerdotal.

2 Copia en tu cuaderno el número de cada frase y una V si es verdadera. Si es falsa, escríbela correctamente.

a) El Orden Sacerdotal y el Matrimonio son sacramentos de iniciación.

b) El Orden y el Matrimonio comprometen a cumplir la misión de la Iglesia.

c) El bautizado que se ordena permanece tendido en el suelo.

d) En la celebración del Orden se entregan una cajita y un cáliz.

e) La pareja expresa su mutuo consentimiento en el Matrimonio.

f) Los novios se entregan los anillos en el sacramento del Matrimonio.

g) Jesús fue a una boda en Jerusalén.

h) El primer milagro de Jesús enseña que Él ayuda a los esposos.

Copia y completa EN TU CUADERNO

¿Cómo lo he aprendido?

3 Observa la imagen y expresa con dos palabras qué dos sentimientos has tenido trabajando este tema.

Taller de investigación 3

¿Qué enseñan los libros sapienciales?

Observo la amistad en una fábula

Un león dormía plácidamente bajo un árbol. Un día, un ratón se le subió encima para jugar, y lo despertó. El león, muy enfadado, lo agarró para darle un escarmiento.

El ratón, asustado, le pidió perdón y que le dejara vivir. Así, algún día podría devolverle el favor. El león se rio, le dio lástima y lo dejó libre. Y pensó que un ratoncito nunca le podría ayudar.

Pasó el tiempo, y el león cayó en una trampa de cuerdas. Rugió pidiendo auxilio, pero, como no tenía amigos, nadie vino a ayudarlo. Solo el ratón fue. Al verlo, el león se volvió a reír de él.

El ratón cortó las cuerdas con los dientes y el león quedó libre. El león le dio las gracias y aprendió esta moraleja: «Es importante tener amigos y no rechazar a nadie por su aspecto». Y se hicieron grandes amigos.

Observo

Reflexiono y dialogo sobre el cómic

1 ¿Cómo era la actitud del león al principio de la fábula?

2 ¿Qué hizo el ratón para hacerse amigo del león?

3 ¿Qué te enseña esta fábula sobre la amistad?

Mis primeras ideas

- ¿Qué es para ti un verdadero amigo? ¿Por qué?
- ¿Qué enseñan los libros sapienciales de la Biblia?

Palabras nuevas

Una **fábula** es un relato imaginario cuyos protagonistas son animales. Su objetivo es entretener y enseñar una moraleja.

Expreso mis experiencias

1 En parejas, dibujad una tarjeta con una moraleja que enseñe cómo se debe comportar un buen amigo.

«La amistad es fuente de grandes placeres. Sin amigos, hasta lo más agradable se vuelve tedioso» [Santo Tomás de Aquino (1225-1274), santo, filósofo y teólogo católico].

Aprendo y valoro

Comienzo a investigar los libros sapienciales de la Biblia

Los libros sapienciales enseñan a ser felices

La palabra «sapiencial» significa 'sabiduría'. La sabiduría es una competencia o capacidad que ayuda a dar sentido a la vida, ser mejor persona, ser más feliz y construir una sociedad más justa.

Por todo ello, los libros sapienciales enriquecen a la humanidad. Están formados por refranes, consejos, poesías y testimonios de vida basados en los problemas y las necesidades humanas.

El pueblo de Israel recibe la sabiduría de Dios

Dios eligió a Israel como su pueblo y le prometió que le enviaría un Mesías Salvador. A lo largo de su historia, las sucesivas generaciones se transmitieron su sabiduría y la sabiduría de Dios. Lo hicieron mediante refranes, normas de comportamiento, costumbres, consejos para vivir más felices... Esta sabiduría fue el origen de los libros sapienciales de la Biblia.

Los libros sapienciales de la Biblia

Los libros sapienciales de la Biblia se encuentran en el Antiguo Testamento. Enseñan consejos, comportamientos y valores sobre la vida, el amor, la muerte, la relación con Dios..., y responden a los problemas del ser humano desde la vida y la fe en Dios.

Palabras nuevas

Los **refranes** son frases populares que contienen una enseñanza o un consejo. Por ejemplo: «Más vale pájaro en mano que ciento volando».

Las mejores enseñanzas

Las enseñanzas de los libros sapienciales están inspiradas por Dios y son Palabra de Dios, que enseñan mensajes de salvación y verdadera felicidad, mientras que los mensajes de las fábulas y enseñanzas de Esopo están solamente inspirados en sus autores, con sus aciertos y errores.

Como todos los libros de la Biblia, están inspirados por Dios y forman parte de su revelación. Los libros sapienciales son cinco:

- **Job.** Plantea el misterio del sufrimiento humano. Job, su protagonista, es un ejemplo de fe, confianza y paciencia para las personas que sufren.
- **Proverbios.** Enseña por medio de refranes y poemas cómo ser feliz con Dios, con los demás y con uno mismo.
- **Eclesiastés.** Ofrece reflexiones para vivir de forma moral y religiosa en las circunstancias personales, familiares y sociales.
- **Sabiduría.** Comunica que la verdadera sabiduría procede de Dios y de las experiencias de la vida diaria.
- **Eclesiástico.** Trata de comunicar la sabiduría de Dios y las moralejas que se pueden extraer de las experiencias de nuestra vida cotidiana.

«Ve a observar a la hormiga, perezoso, fíjate en sus costumbres y aprende» (Proverbios 6, 6).

Los cristianos practican las enseñanzas sapienciales

El cristiano debe practicar las enseñanzas que Dios comunica en los libros sapienciales.

Estas enseñanzas le ayudan a cumplir la voluntad de Dios, mejorar la sociedad, dar sentido a su vida y practicar el mensaje de Jesús.

El cristiano que practica las enseñanzas sapienciales se llena del amor de Dios, es más feliz y se comporta con sabiduría: respeta el medio ambiente, es un buen amigo, practica la justicia, es solidario con los necesitados…

Investigamos en equipo

1 Cada equipo lee, prepara y explica un apartado a la clase. Al terminar, los demás equipos le plantean una pregunta sobre lo explicado.

2 Buscad las citas siguientes en una Biblia impresa u online y contestad a cada pregunta:

a) Eclo 14,14: ¿Qué consejo nos da para enriquecer y mejorar a la persona?

b) Eclo 19, 15: ¿Por qué hay que preguntar a los amigos?

c) Sab 6, 12-13: ¿Qué ven con facilidad los que la aman?

d) Prov 3, 27: ¿Qué enseña sobre hacer favores?

Completa EN TU CUADERNO o en la versión imprimible

3 Preguntad en casa o buscad en Internet algún refrán, como, por ejemplo, «Más ven cuatro ojos que dos» o «No hay mal que por bien no venga». Después, explicad su enseñanza y comparadla con las citas anteriores del pueblo de Israel.

Investigo con la Biblia

La sabiduría de Job

El siguiente relato pertenece al libro de Job 1-42, del Antiguo Testamento.

En aquel tiempo, algunas enfermedades y desgracias se consideraban castigos de Dios debidos a los malos comportamientos. La historia de Job enseña que esta creencia es falsa, porque Dios es justo y quiere que las personas vivan felices.

Viaja por el tiempo

www.anayaeducacion.es

Localiza a Job en la línea del tiempo (banco de recursos).

1 Job era rico e importante. Era padre de siete hijos y tres hijas. Practicaba la justicia y la paciencia. Tenía muchas tierras, ganados y criados. Y daba gracias a Dios porque vivía feliz. Sin embargo, un día comenzaron a sucederle desgracias.

2 Sus enemigos le robaron su ganado y mataron a los criados. Sus hijos murieron al derrumbarse la casa donde estaban. Sufrió una grave enfermedad. Y su mujer se enfadó con él por seguir confiando en Dios.

¿Qué nos enseña para la vida diaria?

Este relato enseña que tener fe y hablar con Dios da paciencia, esperanza y fuerza para superar los problemas. También enseña que Dios no castiga con enfermedades, sino que saca el bien del mal.

Ahora, en inglés

Traduce y contesta: ¿Qué dijo Job 1, 21 por sus males?:

The Lord gave it to me, the Lord took it from me.

Después, busca la cita en la Biblia y comprueba tu respuesta en Job 1.

3 Tres amigos suyos le dijeron que le ocurrían desgracias por sus malos comportamientos. Pero él no los creyó, porque se había portado bien con Dios y con los demás. Por eso, Job no se desanimó y siguió rezando a Dios.

4 Un día, Job sintió la presencia de Dios. Esta experiencia lo ayudó a recuperar la salud y las ganas de vivir. Tuvo otros siete hijos y otras tres hijas. Duplicó sus riquezas. Y así vivió muchos años de felicidad y amistad con Dios.

Actividades

1 En parejas, completad la ficha del relato:

a) Título: ...?...

b) Libro de la Biblia al que pertenece: ...?...

c) Personajes que aparecen: ...?...

d) Resumen de la historia: ...?...

e) Lo que más me ha gustado es: ...?...

Completa EN TU CUADERNO o en la versión imprimible

2 Imagínate que tu mejor amigo está triste porque le sucede algo parecido a Job. ¿Qué consejo le darías para animarlo? ¿Cómo lo ayudarías a ser feliz?

3 Dialoga y contesta: ¿En qué situación y comportamiento del relato se extrae una enseñanza para afrontar las dificultades de la vida diaria?

Actúo y practico valores

El valor de la amistad con los demás

El valor de la amistad con los demás es la buena relación entre dos personas que mutuamente se ayudan, confían y se escuchan. Los libros sapienciales enseñan el valor de un amigo de verdad: «Un amigo fiel es un refugio seguro, y quien lo encuentra ha encontrado un tesoro. Un amigo fiel no tiene precio y su valor es incalculable» (Eclo 5, 15-16).

1 Lee y contesta a las preguntas de Lorena.

¿Qué hacen los amigos de verdad?

Juanjo y Lorena son compañeros de clase. Juanjo le cuenta sus problemas, le pide que le haga sus tareas... Y Lorena siempre lo escucha y ayuda, porque Juanjo le dice que es su mejor amiga. Lorena pasó unos días enferma en casa y lo llamó para preparar un examen, pero él ni fue ni la llamó. Al volver a clase, Juanjo le pidió que le hiciera un mural. Lorena se quedó triste y se preguntó: ¿Qué debo hacer con Juanjo? ¿Qué debo hacer para tener un amigo de verdad?

2 Dialoga con tu clase para encontrar la mejor solución.

a) ¿Qué le dirías a Juanjo?

b) ¿Qué consejo le darías a Lorena para que sepa diferenciar la verdadera amistad de la falsa?

c) ¿Qué tres cualidades y compromisos son necesarios para que exista una verdadera amistad?

3 ¿Qué compromiso puedes realizar esta semana para ser un buen amigo?

Trabajamos el valor de la amistad con un buzón de la amistad

1. Buscamos los materiales con la colaboración de la familia.

2. En equipos, nos ayudamos para construir el buzón y la postal de la amistad. Cada equipo elabora un parte del buzón. Mientras, los demás equipos realizan sus postales para ser un buen amigo.

3. Primer equipo: Realiza una abertura en la parte frontal de la caja.

4. Segundo equipo: Forra la caja con papel de regalo.

Presento y valoro el trabajo

5 Tercer equipo: Con rotuladores o recortando las letras de cartulinas de colores, escribe sobre la caja la frase «BUZÓN DE LA AMISTAD».

6 Cuarto equipo: Decora la caja como más le guste: con corazones, emoticones, pegando botones…

7 Cada alumno o alumna dobla medio folio por la mitad y elabora con él una postal para enseñar a ser buenos amigos.

8 En la parte delantera de la postal hace un dibujo sobre la amistad inventando algunos emoticonos. En la parte interior de la postal, cada niño o niña escribirá un consejo o un refrán sobre la buena amistad. Y debajo, su nombre.

9 Cada alumno o alumna mete su postal en el buzón. Después se reparten las postales y cada uno presenta la que le corresponda.

10 En grupos, dialogamos:

a) ¿Cómo has colaborado con tu equipo?

b) ¿Qué has sentido al recibir la postal? ¿Y al realizarla?

c) ¿Para qué te ha servido esta actividad?

Evalúo el taller

¿Qué he aprendido?

1 Contesta a la pregunta siguiente utilizando estas palabras:
¿Qué enseñan los libros sapienciales?

consejos – comportamientos – valores – Dios

2 Escribe en tu cuaderno el número de la pregunta y la respuesta correcta.

1) ¿Cuál es el pueblo depositario de la sabiduría de Dios?
   a) Egipto. b) Israel. c) Grecia.

2) ¿Qué aportan a la humanidad los libros sapienciales de la Biblia?
   a) La enriquecen. b) La engañan. c) La empobrecen.

3) ¿Quién dijo: «El Señor me lo dio; el Señor me lo quitó»?
   a) Abrahán. b) Job. c) Moisés.

4) ¿Por quién está inspirado cada libro sapiencial de la Biblia?
   a) Por su autor. b) Por su época. c) Por Dios.

5) ¿Qué contiene el libro de los Proverbios?
   a) Oraciones y salmos. b) Refranes y poemas. c) Canciones y leyendas.

6) ¿Cuáles son los libros sapienciales, además de Proverbios, Sabiduría y Eclesiastés?
   a) Job y Génesis. b) Job y Salmos. c) Job y Eclesiástico.

7) ¿Quiénes deben practicar las enseñanzas de los libros sapienciales?
   a) Los ciudadanos. b) Los deportistas. c) Los cristianos.

8) ¿Dónde se encuentra en la Biblia el libro de Job?
   a) Antiguo Testamento. b) Crónica. c) Nuevo Testamento.

Completa EN TU CUADERNO o en la versión imprimible

¿Cómo lo he aprendido?

3 Dialoga y evalúate del 1 al 10.

a) ¿Lo has pasado bien realizando este taller?

b) ¿Has aprendido a la vez que te has divertido?

Las citas bíblicas

Qué es una cita bíblica y cómo se escribe

Una cita es un texto concreto de un libro de la Biblia. Una cita bíblica se escribe con:

- El nombre abreviado del libro al que pertenece.
- El número del capítulo.
- El número o los números de los versículos.

Por ejemplo:

Gén 12, 1-2

Génesis — capítulo 12 — versículos 1 y 2

Cómo localizar una cita en la Biblia

Para localizar en la Biblia la cita Gén 12, 1-2, o cualquier otra, tienes que seguir estos pasos:

- Mira en el índice de tu Biblia en qué página comienza el libro del Génesis.
- Ve a la primera página del libro del Génesis.
- Busca el capítulo 12 (números grandes).
- Lee los versículos 1 y 2 (números pequeños).

Versículo — Capítulo — Versículo — Abreviatura del libro

Gén

12 [1] El señor dijo a Abrahán: «Sal de tu tierra,
de tu patria y de la casa de tu padre, hacia
la tierra que te mostraré». [2] Haré de ti una
gran nación, te bendeciré, haré famoso tu
nombre y serás una bendición».

Las abreviaturas de los libros de la Biblia

Antiguo Testamento

Pentateuco

Génesis	Gén / Gn
Éxodo	Éx
Levítico	Lev / Lv
Números	Núm / Nm
Deuteronomio	Deut / Dt

Históricos

Josué	Jos
Jueces	Jue
Rut	Rut
1 Samuel	1 Sam / 1 Sm
2 Samuel	2 Sam / 2 Sm
1 Reyes	1 Re
2 Reyes	2 Re
1 Crónicas	1 Cró / 1 Cr
2 Crónicas	2 Cró / 2 Cr
Esdras	Esd
Nehemías	Neh
Tobías	Tob
Judit	Jdt
Ester	Est
1 Macabeos	1 Mac
2 Macabeos	2 Mac

Poéticos y sapienciales

Job	Job
Salmos	Sal
Proverbios	Prov
Eclesiastés	Ecl
Cantar de los Cantares	Cant
Sabiduría	Sab
Eclesiástico	Eclo

Proféticos

Isaías	Is
Jeremías	Jer / Jr
Lamentaciones	Lam
Baruc	Bar
Ezequiel	Ez
Daniel	Dan / Dn
Oseas	Os
Joel	Jl
Amós	Am
Abdías	Abd / Ab
Jonás	Jon
Miqueas	Nah
Habacuc	Hab
Sofonías	Sof
Ageo	Ag
Zacarías	Zac
Malaquías	Mal

Nuevo Testamento

Evangelios y hechos

Mateo	Mt
Marcos	Mc
Lucas	Lc
Juan	Jn
Hechos de los Apóstoles	Hch

Cartas de San Pablo

Romanos	Rom
1 Corintios	1 Cor
2 Corintios	2 Cor
Gálatas	Gál
Efesios	Ef
Filipenses	Flp
Colosenses	Col
1 Tesalonicenses	1 Tes
2 Tesalonicenses	2 Tes
1 Timoteo	1 Tim
2 Timoteo	2 Tim
Tito	Tit
Filemón	Flm

Otras cartas y apocalipsis

Hebreos	Heb
Santiago	Sant
1 Pedro	1 Pe
2 Pedro	2 Pe
1 Juan	1 Jn
2 Juan	2 Jn
3 Juan	3 Jn
Judas	Jds
Apocalipsis	Ap

Los libros de la Biblia

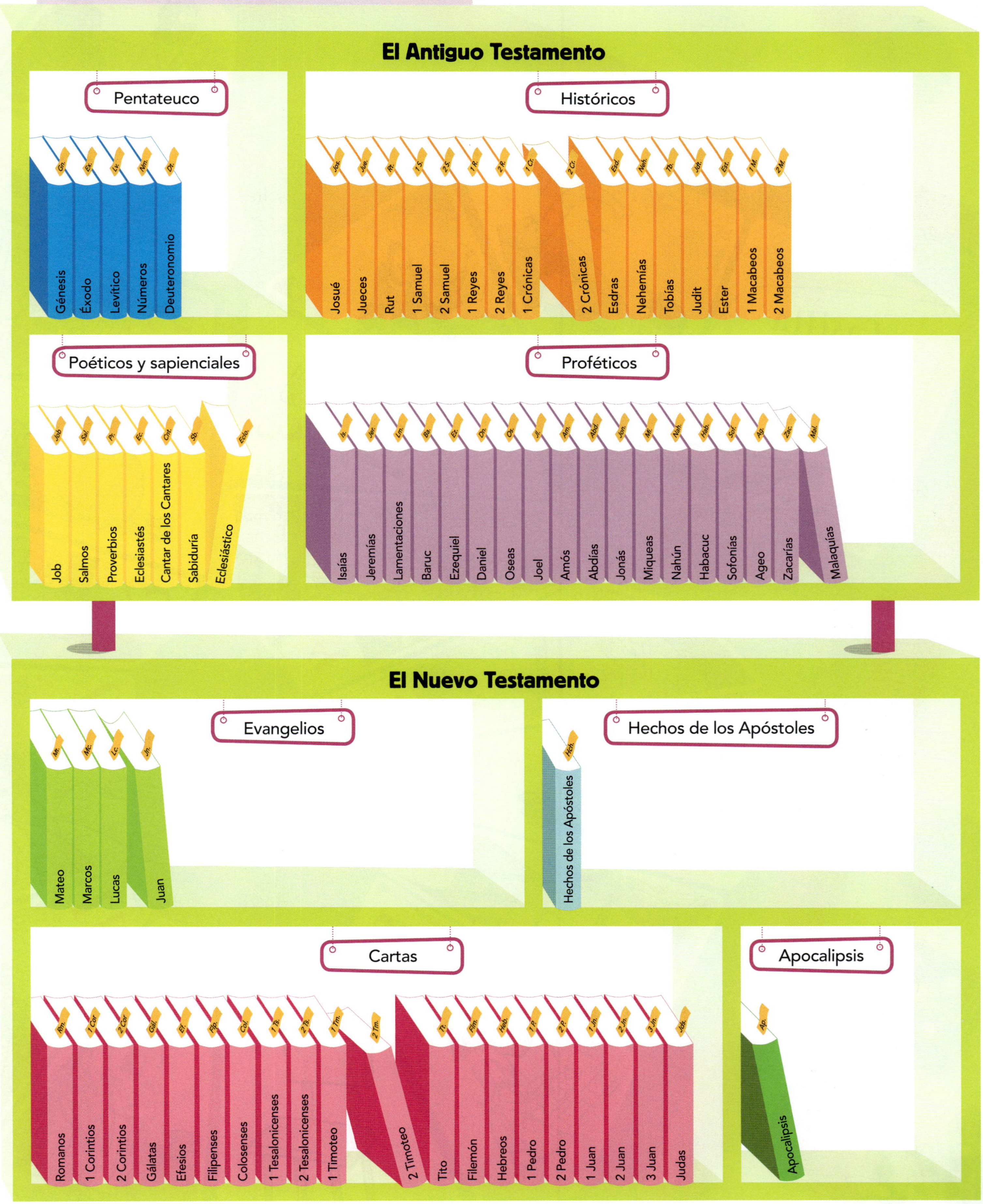

Casilla de salida
1
2
3
4
5
6
7
8
9
10
11
12
13
14
15
16
17

El viaje del arca

Casillas y preguntas:

1. ¿Qué dos personajes de la Biblia cometieron el pecado original?
2. ¿Qué personaje de la Biblia recibió de Dios los Diez Mandamientos?
4. ¿Qué libro de la Biblia, redactado por Moisés, contiene un pequeño tratado de medicina ?
5. ¿Qué personaje de un libro sapiencial sufrió muchas desgracias y siguió creyendo en Dios?
7. ¿Cómo se llama el ángel que anunció a María el nacimiento de Jesús?
8. ¿En qué lugar nació Jesús de Nazaret?
9. ¿Quién pidió a Jesús que realizara el milagro de las bodas de Caná?
10. ¿Cómo se llama el grupo que Jesús eligió para continuar su misión?
11. ¿Cómo se llama el jefe de la sinagoga de Cafarnaún a cuya hija curó Jesús de forma milagrosa?
13. ¿Quién fue el responsable de los doce apóstoles?
15. ¿Con quién dialogó y pidió Jesús de beber en un pozo?
17. ¿Qué momento de la vida de Jesús representa la viñeta?
19. ¿Qué momento de la pasión de Jesús representa esta imagen?
20. ¿A quién se apareció primero Cristo resucitado?
22. ¿Cómo se llaman los libros que nos enseñan a ser felices?
23. ¿Cómo se llaman los evangelios que narran la resurrección de Jesucristo?

Cómo se juega:

1. El primer jugador o jugadora tira el dado. Si saca un número impar (1,3, 5), avanza con su ficha una casilla. Si saca un número par (2, 4, 6), avanza dos.
2. Lee la pregunta de la casilla en la que ha caído su ficha y responde a ella.
3. Si la respuesta es correcta, vuelve a tirar el dado. Si la respuesta no es correcta, pierde el turno y juega el siguiente. Y así sucesivamente.
4. Si cae en una casilla de descanso, pierde su turno y pasa al siguiente.
5. Si cae en una casilla de arca, va hacia la siguiente arca y vuelve a tirar.
6. Gana quien llegue antes a la casilla del arca final.

AMISTAD

Es un método de Religión Católica para la Educación Primaria

En la realización de este libro han intervenido:

- **Equipo de edición:** Jorge Fuentes.
- **Diseño y gráficos:** Lucía Belinchón, Antonio Sereno, Juan Carlos Quignon.
- **Ilustración:** Rafael Carralón, Carlos Gallego, Julilustrador.
- **Maquetación:** Antonio Mateo.
- **Corrección:** Isabel Gallego.
- **Edición gráfica:** María del Mar Merino.
- **Fotografías:** Agefotostock (Dr. Wilfried Bahnmüller/imageBROKER), Agencia EFE (L'Osservatore Romano/POOL/EFE), Álbum (Álbum/Prisma, Álbum/Superstock, Álbum/akg-images/Archiv Peter Rühe, Álbum/akg-images), Archivo Anaya (Cosano, P.; Leiva, Á.; Martin, J.; Peñuela, E.), Getty (Bettman/colaborador, Mikael Vaisanen/Corbis, NurPhoto/colaborador, Chris Briscoe/Photolibrary, SuperStock, Phillippe Lissac/Corbis Documentary, Pascal Deloche/Corbis Documentary), 123RF (Andrey Shevchenko, Micha Klootwijk, scanrail, antiqueimagesdotnet, Jacek Kita, Galyna Tymonko, radionphoto).
- **Manualidades:** Denica Veselinova.

Las citas bíblicas de este libro pertenecen a la versión oficial de la *Sagrada Biblia* establecida por la Conferencia Episcopal Española y publicada en el año 2010.

Las **normas ortográficas** seguidas en este libro son las establecidas por la Real Academia Española en la *Ortografía de la lengua española,* publicada en el año 2010.

Nuestras publicaciones mantienen el rigor en el uso y en la selección de los contenidos, en las imágenes y en el lenguaje, para cumplir con la **no discriminación** por razón de género, cultura u opinión.

IMPORTANTE. Las actividades propuestas en este libro deben ser realizadas en cuadernos u hojas sueltas; **nunca en el propio libro.**

Este libro ha sido aprobado por la COMISIÓN EPISCOPAL DE ENSEÑANZA Y CATEQUESIS con fecha 29 de marzo de 2019, según el CURRÍCULO DE RELIGIÓN Y MORAL CATÓLICA (BOE, 24 de febrero de 2015).

ISBN: 978-84-698-5634-5 - Depósito Legal: M-7693-2019 - Printed in Spain.

ET035171/1E1I - 8410092